Rolf Bühler Bergwerk Herznach
Erinnerungen an den Fricktaler Erzbergbau

ROLF BÜHLER

BERGWERK HERZNACH

ERINNERUNGEN AN DEN FRICKTALER ERZBERGBAU

AT VERLAG AARAU · STUTTGART

© 1986
AT Verlag Aarau/Schweiz
Gesamtherstellung: Grafische Betriebe
Aargauer Tagblatt AG, Aarau

Printed in Switzerland

ISBN 3-85502-266-6

DANK

Die Jurabergwerke AG hat die Herausgabe dieses Buches durch einen grosszügigen Druckkostenbeitrag möglich gemacht, ebenso der Regierungsrat des Kantons Aargau.
Ein besonderer Dank gebührt Herrn Franz Fournier, Gerlafingen. Seine Unterstützung hat meine Arbeiten wesentlich erleichtert.
Alt-Regierungsrat Dr. Louis Lang, Turgi, hat durch seine Fürsprache das Buchprojekt gefördert.
Wertvolle Anregungen erhielt ich von Prof. Dr. E. Niggli, Bern, der sich in verdankenswerter Weise bereit erklärt hat, ein Geleitwort zu schreiben.
Dr. Reinhard Gygi, Basel, hat das Kapitel «Geologie» durchgesehen und kritisch kommentiert. Gezeichnete Fossilientafeln wurden im Original von Dr. Peter Fehlmann, Zollikon, zur Verfügung gestellt.
Frau Dr. Piroska Máthé, aargauisches Staatsarchiv, Aarau, war bei der Übertragung einer Urkunde behilflich.
Dank und ein herzliches «Glück auf» geht an die beiden Kameraden der WABH: Rolf Eichin, Zürich, und Dominik Stoecklin, Ettingen.
Bildmaterial oder sonstige Hilfe in irgendeiner Form erhielt ich von: Herrn E. Rehmann, Laufenburg; Herrn Arthur Heiz, Rheinfelden; Herrn Roland Beck, Suhr; Frau Inge Hofmann-Frei, Brütten; Frau Trudi Treier, Oberentfelden; Prof. Dr. Wilfried Epprecht, Zürich; Herrn Robert Meier, Herznach; Herrn Ulrich Hool, Herznach; Herrn Franz Leimgruber-Böni, Frick; Herrn Peter Bircher, Wölflinswil; Herrn Urs Behr, von Roll AG, Gerlafingen; Dr. A. Egloff, Pfarrer, Gipf-Oberfrick; D. Šimko, Basel; U. Schaufelberger, Herznach; A. Briner, Densbüren.

BILDNACHWEIS

R. Beck, Suhr: 96 u.
A. Briner, Densbüren: Farbrepro Vorsatz.
R. Bühler, Densbüren: 41, 42 r., 49, 51, 91 u., 94 u., 104 o., 108 (4), 109 o. l., 112, 113, 114.
R. Eichin, Zürich: 96 o., 97, 106.
Dr. P. Fehlmann, Zollikofen: 52.
J. Hofmann-Frei, Brütten: 68 o., 99.
Jurabergwerke AG: 66.
F. Leimgruber-Böni, Frick: Umschlagbild (Durchstich unter dem «Hübstel», 1935).
R. Meier, Herznach: 55, 59, 60.
Museum Bally-Prior, Schönenwerd: 94 o.
Museum zum Schiff, Laufenburg: 38.
D. Stoecklin, Ettingen: 42 l., 101, 102, 104 u., 105, 108 ganz u., 109 o. r., u. l. und r., 110 u., 111.
Alle anderen Bilder: Archiv des Autors.

Zum Geleit

Die Schweiz gilt als rohstoffarmes Land. Es mag daher manchen erstaunen zu vernehmen, dass in den letzten 70 Jahren über 20 Erz- und Kohlenbergwerke während kürzerer oder längerer Zeit in der Schweiz mineralische Rohstoffe abgebaut haben. Heute gibt es in unserem Lande keinen Erz- und Kohlenbergbau mehr; die letzten Eisenminen stellten am Ende der sechziger Jahre den Abbau ein. Niemand weiss aber, ob nicht in der Zukunft die Schweiz ihre eigenen Kohlen und Erze wieder brauchen wird.
Heute schon besteht jedoch ein grosses Interesse an bergbauhistorischen Studien. Es ist daher zu begrüssen, dass der Autor des vorliegenden Buches den Fricktaler Erzbergbau historisch und geologisch ausführlich beschreibt und dabei viele neue Fakten zum erstenmal präsentiert. Er zeigt deutlich die Rolle, die der Bergbau im Fricktal gespielt hat. Die Studiengesellschaft für die Nutzbarmachung schweizerischer Lagerstätten mineralischer Rohstoffe (früher hiess sie «Studiengesellschaft für die Nutzbarmachung der schweizerischen Erzlagerstätten») hat die Fricktaler Eisenerze im Jahre 1919 wieder entdeckt und dann die notwendigen Schürfarbeiten durchgeführt. Im Jahre 1940 übernahm die Jura-Berwerke AG das Bergwerk und baute während fast 30 Jahren das Erz ab.
Beide Gesellschaften danken dem Autor für seine Schrift, die Geologen, Geographen und Historiker gleichermassen interessieren und erfreuen wird.

E. Niggli
Geschäftsführer der Studiengesellschaft

*Vignette mit Bergmannsszene
in einer Bergwerksordnung von 1540.*

Einführung

Erinnerungen an den Fricktaler Erzbergbau

Von einer Darstellung des ehemaligen Fricktaler Erzbergbaus erwartet der Leser zu Recht, dass die verschiedensten Aspekte des an sich weitgespannten Themenkreises behandelt werden.
Der Bergbau im Fricktal wird oft mit jenem des Bergwerks Herznach gleichgesetzt. Er ist jedoch wesentlich älter als die Geschichte der Herznacher Mine.
Während rund 500 Jahren wurde, ohne dass das Herznacher Erzlager auch nur bekannt war, die Erzgräberei fast ausschliesslich auf Wölflinswiler und Oberfricker Gemeindegebiet betrieben. Dort tritt das Erzflöz zu Tage und konnte ohne grosse bauliche Massnahmen gewonnen werden. Nicht immer systematisch, zugegeben, oft sogar als eigentlicher Raubbau, immer jedoch als willkommener Zustupf zum kargen Ertrag aus landwirtschaftlicher Tätigkeit.
Von den mittelalterlichen Abbaustellen ist nicht mehr viel zu sehen. Hinweise in zeitgenössischen Chroniken und Urkunden, noch sichtbare Reste von «Fuxlöchern» und einige bisher unpubliziert gebliebene Aufzeichnungen über das «Bergwerk Wölflinswil» sind es wert, festgehalten zu werden.
Der historische Bergbau wird daher in diesem Buch gebührend gewürdigt, zusammen mit der eng damit verknüpften damaligen Fricktaler Eisenindustrie.
Wenn ein Basler Geologieprofessor zu Anfang dieses Jahrhunderts äusserte: «Die Schweiz ist reich an armen Minen», hatte er damit nur bedingt recht. Im Auftrag der «Studiengesellschaft für die Nutzbarmachung schweizerischer Erzlagerstätten» wies der Aargauer Geologe Alfred Amsler 1920 mit umfangreichen Schürfungen bei Herznach ein ausgedehntes Erzlager mit einem mutmasslichen Erzvorrat von 28 Millionen Tonnen und einem durchschnittlichen Eisengehalt von 28% nach. Ein 30 m langer Versuchsstollen wurde dort, wo man 15 Jahre später den Hauptstollen vortrieb, angelegt. Das Erz verwendete man für Verhüttungsversuche.
Die Aufnahme des eigentlichen Bergbaubetriebs erfolgte nach einer zweijährigen Versuchsphase 1937 unter dem Druck des bereits sich abzeichnenden Zweiten Weltkriegs und dauerte bis 1967.
Dieser Zeitspanne ist der Hauptteil des vorliegenden Buchs gewidmet.

Für die Ausführungen wurden alle noch vorhandenen unpublizierten Unterlagen, soweit sie uns bekannt sind, berücksichtigt, ebenso die entsprechenden publizierten Arbeiten. Das Bildmaterial stammt aus verschiedenen Archiven, zum Teil sogar aus den privaten Fotoalben ehemaliger Bergwerksarbeiter.

Unsere Darstellung soll und kann keine wissenschaftliche Publikation sein, obwohl neuere Ergebnisse der Forschung (Geologie und vor allem Mineralogie) darin berücksichtigt sind. Aus diesem Grunde wurde zugunsten einer besseren Lesbarkeit auf Anmerkungen und Fussnoten verzichtet. Der spezialisierte Leser wird aufgrund des Literaturverzeichnisses zu den Quellen finden. Ausserdem ist ein Exemplar des Buches mit ausführlichen Quellenangaben bei der Schweizerischen Geologischen Dokumentationsstelle, Brunnhofweg 47, 3007 Bern, deponiert.

April 1986 *Rolf Bühler*

Inhaltsverzeichnis

Historischer Bergbau
Die Anfänge des Fricktaler Erzbergbaus   11
Das historische Bergbaugebiet   15
«Es gibt gemelter Berg soviel Ertz...»   16
Kriegswirren und Seuchenzüge   17
Auf den Spuren des Bergwerks   21
Blütezeit des historischen Bergbaus   26
Die Verhüttung zum Roheisen   30
Holzkohle: Schwarzes Gold   33
Der Hammerbund   35
Nägel für das Schloss Pruntrut   37

Die Geologie des Erzlagers
Im Jurameer entstanden...   41
Die Ausdehnung des Erzlagers   44
Fricktaler Kornbergsandstein   49
Das Eisenerzlager von Erlinsbach   50

Der Herznacher Bergbau
Das Eisenbergwerk Herznach   51
Mehr im Vorbeigehen entdeckt   52
Erste Schürfungen verlaufen erfolgreich   54
Die Studiengesellschaft für die Nutzbarmachung
schweizerischer Erzlagerstätten   55
Verhüttungsversuche mit Fricktaler Erzen   56
Durchstich unter dem «Hübstel»   58
Ein Besuch in der Herznacher Mine   59
Die Jurabergwerke AG übernimmt den Betrieb   66
Abbau, Transporteinrichtungen und Abnehmer   67
Die Lösung der Transportfrage   74
Die Nachkriegsproduktion in Herznach   83
Die Bedeutung des Bergwerks für die Region   87

Die Versteinerungen
Schneckensteine und Donnerkeile   91
Erste wissenschaftliche Erwähnungen   92
Die Wissenschaftliche Arbeitsgemeinschaft
Bergwerk Herznach (WABH)   95

Die Mineralien
Die Mineralien des Bergwerks Herznach 99
Die Mineralien der Klüfte und Verwerfungen 100
Die Mineralien der Fossilhohlräume 102
Birmenstorfer Schichten 103
Cordatuszone 105
Die Mineralien der Cordatuszone 106
Die Mineralien der Lambertizone 111
Die Mineralien im Eisenerz 112
Die Mineralien der Bergwerkssohle 112
Entstehung der Minerallagerstätte 114

Erklärung der Fachausdrücke 115

Zeittafel 116

Literatur 120

Historischer Bergbau

Die Anfänge des Fricktaler Erzbergbaus

«Wenn die Metalle aus dem Gebrauch des Menschen verschwinden, so wird damit jede Möglichkeit genommen, sowohl die Gesundheit zu schützen, als auch ein unserer Kultur entsprechendes Leben zu führen. Denn wenn die Metalle nicht wären, so würden die Menschen das abscheulichste und elendeste Leben führen (...) würden tagsüber in den Wäldern und Feldern nach der Sitte der wilden Tiere umherschweifen. Da solches der Vernunft des Menschen, der schönsten und besten Mitgift der Natur, gänzlich unwürdig ist, wird da überhaupt jemand so töricht oder hartnäckig sein, nicht zuzugeben, dass zur Nahrung und Kleidung die Metalle notwendig sind und dass sie dazu dienen, das menschliche Leben zu erhalten?»

Aufsuchen der Gänge mit der Wünschelrute (A) und durch Schürfgräben (B).
Holzschnitt aus Georg Agricola «De re metallica», 1556.

Diese Worte, vor 430 Jahren niedergeschrieben, stammen vom besten Bergbaukenner seiner Zeit: dem Deutschen Georg Bauer oder besser bekannt unter seinem latinisierten Namen Georgius Agricola, unter welchem er 1556 sein Standardwerk «Zwölf Bücher vom Berg- und Hüttenwesen» verfasst hatte.

Sie schildern anschaulich, warum der Mensch seit frühester Zeit nach Erz gräbt. Mit grösster Wahrscheinlichkeit sind es die gleichen Beweggründe gewesen, die auch die Fricktaler Bauern im Mittelalter zur Erzgräberei auf dem Fürberg zwischen Gipf-Oberfrick und Wölflinswil und zur Verhüttung mit einfachen Schmelzöfen in den umliegenden Dörfern veranlassten.

Dabei ist nicht von der Hand zu weisen, dass sogar schon vor ihnen die keltischen und römischen Bewohner der Region das Erzlager auf dem Fürberg gekannt haben. Spätkeltische Eisenverhüttungen sind in Süddeutschland einwandfrei nachgewiesen, und zur Zeit, als die Römer die Schweiz besetzten, waren Kenntnisse über Bergbau, Eisenverhüttung und -verarbeitung Allgemeingut und konnten überall angewendet werden.

Historisch einigermassen gesicherten Boden bezüglich des Bergbaus im Fricktal betritt man allerdings erst im Mittelalter.

◆ **4. September 1207.** Es erscheint erstmals ein Hinweis auf die Schmelzhütten von Laufenburg und Säckingen und damit auf die Erzgruben im Fricktal, wo man das Erz zutage förderte. Die urkundliche Erwähnung erfolgt im Zusammenhang mit einem Streit zwischen der Äbtissin von Säckingen und dem Kastvogt des Klosters, dem Grafen von Habsburg-Laufenburg. Ursache der Auseinandersetzung war der Verbrauch an Holzkohle der bereits erwähnten Schmelzöfen und der damit verbundene Holzschlag in den umliegenden Wäldern. Aus der gleichen Urkunde geht hervor, dass die Ausbeutung der Fricktaler Erze schon lange im Gang war. Wie lange, ist nicht bekannt.

◆ **17. November 1241.** Zum ersten Mal taucht die Bezeichnung Erzgrube auf. Obwohl der Ort dieser Erzgrube nicht ausdrücklich genannt ist, kann es sich aufgrund der Situation und anschliessender Urkunden nur um jene von Wölflinswil gehandelt haben.

Nach dem Aussterben des Geschlechts der Landgrafen von Homberg 1231, die durch kaiserliche Belehnung das Bergbauregal besassen, fielen deren Besitzungen und Rechte an den Grafen Hermann von Froburg. Seine Ländereien im Fricktal wurden vom Edelknecht Heinrich von Kienberg verwaltet, der Ende 1240 mit dem Froburger aus unbekannter Ursache in heftige Fehde geriet. Die Vermutung liegt nahe, dass es sich dabei um die unerlaubte Ausbeutung der Fricktaler (Wölflinswiler) Erzgruben gehandelt hatte.

Der Kienberger zog bei diesem Händel den kürzeren und musste sich verpflichten, dass er und seine Kinder auf dem Burgstell, heute «Burgstetten», dem vermutlichen Standort seiner Feste, innerhalb einer Meile (Bannmeile) und für die Dauer von 20 Jahren keine neue Befestigung anlegen würden.

- **15. September 1286.** Hartmann von Kienberg, vermutlich ein Bruderssohn des oben erwähnten Heinrich, bezeugt, dass er gewisse Rechte an der «Erzgrube zu Wile» besitze, wovon er einen Jahreszins von 32 Schilling «Gelts» dem von Gösken (Gösgen) zu Eigen gegeben und von ihm wieder zurückerhalten habe. Mit «Wile» ist hier zweifelsfrei Wölflinswil gemeint.

- **15. August 1288.** Die beiden Adeligen von Kienberg und von Zielemp verleihen ihre Anteile an den Erzgruben an die Unternehmer H. Rubstein (Rippstein) und einen gewissen Schmid von Schwörstatt gegen einen Jahreszins von 110 Gulden beziehungsweise 60 Mark.

- **11. November 1302.** Graf Hermann von Froburg gibt dem Ritter Matthis von Rich zu Basel verschiedene Güter zu Lehen, darunter auch fünf Pfund Jahreszins an den «ertzegruoben ze Wile».

- **17. und 29. Juli 1305.** Graf Friedrich von Toggenburg und seine Gattin, Ita von Homburg, verkaufen die Stadt Liestal, die Feste Homburg ob Läufelfingen und andere Güter für 2000 Mark dem Bischof von Basel, doch Zoll und Eisengruben im Frickgau sind ausgenommen (...theloneo et ferrifodinis in Friggouwe dumtaxat exceptis).

- **1337.** Gräfin Maria von Oetingen, Witwe des 1314 verstorbenen Grafen Rudolf III. von Habsburg-Laufenburg sowie dessen 1320 verstorbenen Stiefsohnes Werner von Homburg, welche in dritter Ehe

Urkunde vom 15. August 1288. Erwähnt sind darin die Erzgruben (de ferrifodinis) und Wölflinswil (Wile). (Staatsarchiv Basel)

Urkunde vom 29. Januar 1411. «... Erzgruben ze Wil gen Wülfiswilr genant im banne ob dem Frickthal...» (Wurstisen, Analecta, UB Basel).

den Markgrafen Rudolf von Baden-Pforzheim geheiratet hatte, versetzt um 170 Mark den Zoll und die «ärtzgrub im Frickgeüw, so zu irer pfandschaft der burg zu Honberg gehört» an Hartmann von Boswil. Für dieses Rechtsgeschäft hatte die Gräfin die Einwilligung des Herzogs Albrecht von Österreich einzuholen.

◆ **1386.** Graf Hans von Habsburg-Laufenburg sah sich gezwungen, seine Herrschaft dem Österreicher abzugeben. Er erhielt sie wieder als Mannlehen.

◆ **1399.** Herzog Leopold verleiht den beiden Töchtern des Laufenburgers, Agnes und Ursula, den Zoll und die «ärtzgrub zu Weil».

◆ **29. Januar 1411.** Wenn bis hierher in Urkunden immer nur von Erzgruben zu Wil, Wyle oder Weil die Rede war, ändert sich dies jetzt. Graf Rudolf von Sulz verleiht seinen Teil an den «Erzgruben ze Wil gen Wülfiswilr genant im banne ob dem Frickthal» dem Adeligen Hans Thüring von Eptingen. Hier wird erstmals Wölflinswil namentlich erwähnt und der Zusammenhang mit der Bezeichnung Wil hergestellt.

◆ **10. Februar 1433.** Henmann Seevogel, Bürger von Basel, bestätigt dem Landvogt die österreichische Lehensherrschaft über die Güter, die sein Vater Hans Bernhard, von Graf Hans von Habsburg-Laufenburg, besessen und die er nun besitzt, darunter fünf Pfund «Gelts» an der «Erzgrube zu Wyle».

◆ **31. Juli 1446.** Bernhard Seevogel, Sohn des genannten Henmann, erhält von Leopold von Österreich verschiedene Lehen samt einem Jahreszins von zwei Mark an den «Erzgruben zu Wil».

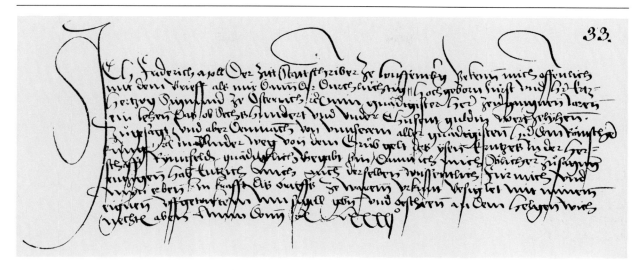

◆ **24. Dezember 1491.** Der Ratsschreiber Friedrich Moll zu Laufenburg bestätigt, dass er von Maximilian ein Grubgeld des «ysen Ernzes» in der Herrschaft «Rynnfelden» erhalten habe. Mit «ysen Ernz» ist wahrscheinlich das Erz vom Fürberg gemeint.

◆ **1519.** Ulrich von Habsburg, österreichischer Vogt der Vier Waldstätte, bittet seine Regierung in Innsbruck um Lösung eines Jahreszinses von 30 Gulden «aus den Silbergruben in Fricktal», der einst dem Friedrich Moll um 200 Gulden gewährt worden sei.

Mit «Silbergruben im Fricktal» können nur die Erzgruben am Fürberg gemeint sein. Das Erzlager auf der Herznacher Seite war noch nicht bekannt; von anderen möglichen Eisenerzvorkommen im Fricktal, den Spatkalken oder den Humphriesi-Schichten des Dogger, fehlt jede Nachricht.

Über die mittelalterlichen Besitzverhältnisse der Wölflinswiler Erzgruben geben die 15 zitierten Urkunden hinreichend Aufschluss. Etwas weniger gut bestellt ist es mit dem Wissen über die ehemaligen Grubenanlagen auf dem Fürberg selbst.

Urkunde vom 24. Dezember 1491 mit Erwähnung des «Grubgelt des ysen Ernzes» (Staatsarchiv Aargau, Fricktal).

Das historische Bergbaugebiet

Über Lage und Art der mittelalterlichen Erzgräberei zwischen Gipf-Oberfrick und Wölflinswil ist nicht viel überliefert. Aufgrund der in diesem Jahrhundert festgestellten Ausdehnung des Erzlagers und der jetzigen Oberflächenverhältnisse muss diese im Bereich der heutigen Fürberghöfe südwestlich davon bei der Lokalität «Hasli», im Süd-

osten auf dem «Rötifeld» und in der Nähe des heutigen «Geindelhofes» umgegangen sein, also im nördlichen Ausbiss des Erzflözes.
Arnold Münch, ein Historiker des 19. Jahrhunderts schreibt dazu: «Man nahm das Erz, wo sich der Flötz zu Tage ausschob und wo es ohne grössere Unkosten zu nehmen war. Wenn überhaupt später regelrechte Schächte und Stollen angelegt wurden, so sind dieselben doch wohl niemals recht gegen das Gebirg getrieben worden, sondern schlichen sich am Abhang des Gebirgs herum. Unter dem Schutt planlos eröffneter und bald wieder verlassener Gruben wurde wohl mehr Erz verderbt, als zu Nutzen gezogen.»
An den bereits erwähnten Stellen des historischen Abbaugebietes gewann man das eisenhaltige Gestein in offenen Gruben, die man, je nach Ergiebigkeit, verlegte. Als die zum Teil breiten Streifen durchwühlt waren, rückte man nach und nach immer weiter bergwärts vor und begann, der wachsenden Überlagerung wegen, das Erz durch Schlitze zu erschliessen. Diese beutete man, wenn das Erz gut und die Tiefe gering war, soweit aus, bis der zunehmende Überhang der Gräberei ein Ende setzte. Neben dem zurückstürzenden Gestein war es vor allem der Wasserandrang in den Abbauschlitzen, der nach neuen Techniken rief.
Wollte man nicht noch mehr wertvolles Kulturland opfern, um an das begehrte rote Gestein zu kommen, mussten sich die Erzgräber etwas einfallen lassen. Die Anlage eines bescheidenen Stollenbaues bot sich geradezu an.

«Es gibt gemelter Berg soviel Ertz...»

Am 22. Mai 1517 erliess Kaiser Maximilian I. in Innsbruck für ganz Vorderösterreich eine Bergordnung, in der durch 89 Artikel alles geregelt wurde, was den Bergbau betraf. Die Arbeitszeit wurde von 7–11 Uhr und von 13–17 Uhr angesetzt. Für Erz und Kohle gab es einen Musterkübel. Ausführliche Bestimmungen regelten den Grubenbetrieb, wie den Durchschlag und die Anlage von Schächten und Stollen.
Wie es damals auf dem Fürberg ausgesehen haben mag, ist aus einer Urkunde vom 10. Oktober 1576 ersichtlich. Seit der letzten Bestätigung der «pundt ordnung des issenwerckhs im Frickthall» hatten sich im Bergwesen verschiedene Unstimmigkeiten ergeben. Man beschloss, vermehrt auf gute Ordnung zu achten. Die Stollen sollten unten am Boden nicht über ein Klafter und ein Schuh (2,1 m) breit sein; in halber Höhe zwischen den Wänden nicht über ein Klafter und zwei Schuh (2,4 m) und oben an der Decke drei Schuh (0,9 m).

Gänge und Löcher sollten nicht zu hoch gehauen, sondern mit einer Erzdecke von einem Schuh (0,3 m) Dicke belassen werden. Das Erz am Boden sollte immer wieder weggeräumt und alle 14 Tage das sich gesammelte Wasser abgeleitet werden. Wenn mehrere an einer Grube teilhaben, darf keiner ohne Vorwissen und Erlaubnis des Grubvogtes zwischen den Gängen eine Wand weghauen (Durchschlag).
Dem Grubvogt, der alle Monate in die Gruben steigen und sie besichtigen muss, wird ein Meister zur Seite gestellt, der um die nötige Aufsicht besorgt ist. Keiner darf aus fremden Gängen Erz schlagen. Wenn einem erlaubt ist, eine Grube zu eröffnen, darf kein zweiter dabei zu Schaden kommen. Bei Nichteinhalten der Vorschrift beträgt die zu fällende Strafe 10 Pfund, den Rückfälligen aber wird gar die Grube geschlossen. Gezeichnet ist diese Bergordnung mit «Hanss Möschen, des eltern, Homburger vogts, zu Frickh ampts». Das Original dieser wohl ältesten Bergwerksordnung für das Wölflinswiler Bergbaugebiet ist verschollen, der Text nur noch als Abschrift im Stadtarchiv Laufenburg überliefert.
Dass zu jener Zeit der Bergbau florierte, geht nicht nur aus dieser Bergordnung hervor. Obwohl bis ans Ende des 16. Jahrhunderts keine Förderzahlen überliefert sind, erhält man in der Kosmographie von Sebastian Münster 1550 ein anschauliches Bild: «Die Einwohner von Laufenburg ernähren sich zu gutem Teil von dem Eisen, das man da schmelzt, aber das Ertz grebt man im Fricktal aus einem Berg, tregt ein jar und alle jar bey 20 000 Gulden. Es gibt gemelter Berg soviel Ertz, dass man 13 Hämmer (in Laufenburg allein) dazu braucht.»

Kriegswirren und Seuchenzüge

Schwere Rückschläge, die schliesslich den Niedergang der Fricktaler Eisenindustrie einleiten sollten, mussten die Erzbauern und Hammerschmiede in der ersten Hälfte des schicksalsreichen 17. Jahrhunderts einstecken. 1611 und wiederum 1628 schwang der Schwarze Tod im Fricktal seine schreckliche Geissel. Beim zweiten Seuchenzug hatte allein Grosslaufenburg (linksrheinisch) 121 Todesopfer zu beklagen.
In den dreissiger Jahren des 17. Jahrhunderts zogen die Schweden im Dreissigjährigen Krieg raubend, mordend und brandschatzend durch den Frickgau, steckten Laufenburg in Brand und verursachten unendliches Leid in den umliegenden Dörfern. In Wölflinswil zum Beispiel war ein Drittel aller Häuser dem roten Hahn zum Opfer gefallen. Die Bauern der Ernzergemeinde wurden von der fremden Soldateska zu Kriegsdiensten (Armeefuhren) gepresst.

Über Jahrhunderte sind Episoden aus dem Schwedenkrieg von Generation zu Generation weitergegeben worden und können heute in verschiedenen Sagensammlungen nachgelesen werden.
Im Zusammenhang mit dem Bergwerk Wölflinswil mag die folgende Schilderung von Interesse sein:
«Es sollen nämlich ein schwedischer Oberst und sein Diener, welche in Begleitung eines Hündleins auf dem Fürberg dem Waidwerk obgelegen, von Fricktaler Bauern erschlagen und ihre Leichen in dem damals schon verlassenen Schacht (des Bergwerkes) versteckt worden sein. Durch das Gebell des treuen Hündleins, das nicht von der Stelle weichen wollte, wo es seinen Herrn verloren, sei der Frevel entdeckt und darauf, zur Strafe, das Dorf Wölflinswil von den Schweden eingeäschert worden.»
Der Erzabbau hatte unter den Kriegswirren und den beiden Seuchenzügen erheblich gelitten und war wohl zeitweise ganz eingestellt worden. Erst in der Mitte des 17. Jahrhunderts scheint sich die Lage beruhigt zu haben.
Nach einem im Original erhaltenen Dokument im Stadtarchiv Laufenburg erfolgte am 3. August 1654 die Erneuerung der «Grubenordnung des eisenwerckhs im Frickhthal» durch den Obristen Niclaus von Grandmont. Weitere Unterzeichner waren Johan Christoph Hug und Ja. Werner Egg. Doch währte die wiederhergestellte Ordnung nicht lange: Wassereinbrüche legten den Bergbau lahm. Damit nicht «der gantz berg darüber zue ruin unndt dz weesen (das Eisenwesen) zue grundt gehen möchte», wurden «bey den erntzgruben der landtschafft Friktahl» wiederum konkrete Abbauanweisungen erlassen, nachdem sich Dr. Johann Christoph Hug, Oberamtmann der Herrschaft Rheinfelden, bei einem persönlichen Augenschein von den Zuständen im Bergbaurevier überzeugt hatte. Bei ihm waren der Obervogt der Landschaft sowie alle Vögte und Geschworenen der umliegenden Dörfer. Auch Erzgräber nahmen am Umgang teil und sind uns namentlich überliefert worden, so aus Wölflinswil: Joss Hertzog, Lux Hertzog, Gallen und Fridlen Heineman, Hanss Müller, Lorentz Schaub, Georg Schmiedlein, Hanss Hort, Jokle Kratz, Hans Joklen Dreyer; sodann von Oberfrick: Fritz Mettawer, Joklen Schmidt, Marten Vögtlein und Conrad Haussner; von Wittnau: Joklen und Hanss Schmidt, Johannes Buesinger, Heinrich Fuegeissen und Hanss Büesinger. An dieser Begehung wurde folgendes vereinbart und in der Urkunde vom 10. November 1663 festgehalten:

Erstens... sollen täglich oberhalb des äusseren Schachtes, aus dem man das Wasser abgezogen hatte, vier Arbeiter das Wasser in Tohlen ableiten und solange es genügend Ablauf (Rösche) habe, alles links Stehende abbauen. Von den Ablaufgräben an sollen sie bei der

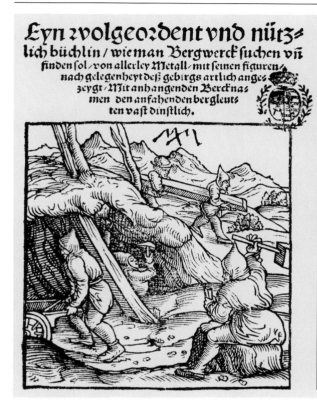

bestehenden Wand eine weitere Wand (Stollen) gegen «dem Hohenkreütz» anfahren und das angetroffene Erz herausschaffen. Falls aber viel Erz angetroffen werde, sei dieses mit zwei, drei oder mehr Stollen, nach Gutdünken der Erzgräber, abzubauen.

Zweitens... sollen im innern Schacht vier Arbeiter innerhalb dem «Hohen Kreütz» mit Stollen und Entwässerungsgräben dem Erz nachspüren und es herausgraben mit der Anzahl Arbeiter, die dafür nötig seien.

Drittens... dürfen ohne Wissen der Obrigkeit «Fuxlöcher» (Gruben, die bei geringer Überdeckung von der Oberfläche auf das Flöz angelegt werden) nicht mehr bewilligt werden. Diejenigen, die seit Jahr und Tag benützt wurden, mussten an die Landschaftsgruben der «Landsessen und Genossen des perckhwerks» abgetreten werden. Neu eröffnete Fuxlöcher, bei denen man erst seit kurzem oder noch gar nicht auf Erz gestossen war, konnten bis zur Deckung der Unkosten weiter betrieben werden.

Titelblatt und Glossarseite aus einem frühen Lehrbuch für den Bergbau, Worms 1518.

Viertens... Soll das gegrabene Erz alle Samstagabend in ordentlicher Weise bei Treu und Ehre und im Beisein des Grubenvogtes und Vogtes von Herznach fleissig aufgeschrieben, gebührend verkauft und das daraus erlöste Geld der Landschaft gutgeschrieben werden. Aus diesen Einnahmen wurden auch die Kosten für den Unterhalt der beiden Hauptgruppen bestritten.

Fünftens... sollen alle, die in Müh und Arbeit stehen, auch ihren Nutzen und Gewinn haben, sowohl was in den Hauptgruben als auch in den Fuxlöchern für Erz gefunden und herausgegraben werde. Jeder erhalte alle Samstage seinen Teil, bei Streitigkeiten darüber richte der Grubvogt und der Vogt von Herznach.

Weil der Grubenvogt aber darum «mit ein undt anderem viel zu thuen haben wird», darnebens aber auch graben wolle, soll er wie alle übrigen Ertzgräber an der Teilung dabei sein und seine Gebühr davon empfangen. Der Vogt von Herznach wurde von der Landschaft für seine Helferdienste direkt entlohnt. Alle dem Bergwerk verpflich-

Bergwerk Wölflinswil: Ausschnitt eines von Alfred Amsler 1919 begonnenen Planes mit Eintragungen der späteren Schürfungen und Bohrungen sowie der vermuteten Lage des «Hohen Kreützes» (HK), eines Inneren (J) und Äusseren Schachtes (A).

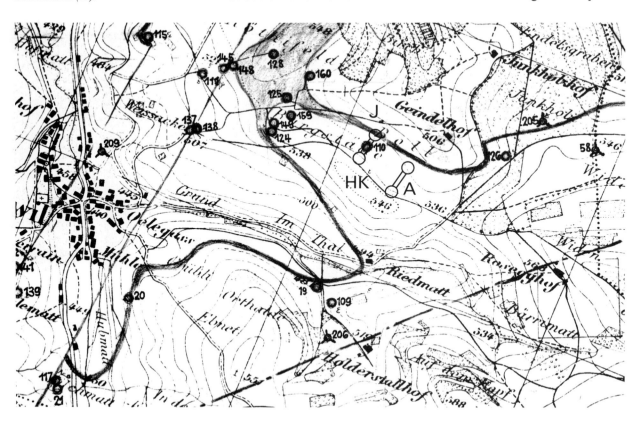

teten Landschäftler hatten «einen Eydt leiblich zue Gott und allen Heiligen» zu schwören, dass sie sich an die neue und an die alte Bergordnung halten würden.
Die in der Originalfassung schwierig zu lesende Urkunde enthält einige konkrete Hinweise über den damaligen Grubenbetrieb.

Auf den Spuren des Bergwerks

Der Aargauer Geologe Dr. Alfred Amsler (1870–1940) hat sich eingehend mit dem historischen Abbaugebiet befasst und aufgrund mündlicher Überlieferung in der Bevölkerung und der damals noch auszumachenden Gruben und Schachttrichter (Pingen) den vermutlichen Standort des Bergwerks Wölflinswil lokalisiert.
Neu und noch nicht publiziert sind vier Befunde aus der zweiten Schürfkampagne, die Amsler 1936/37 im Auftrag der «Studiengesell-

Foto der Schürfung Nr. 124 W Boll 1: Deutlich ist der auf der Skizze dargestellte Hohlraum sichtbar.

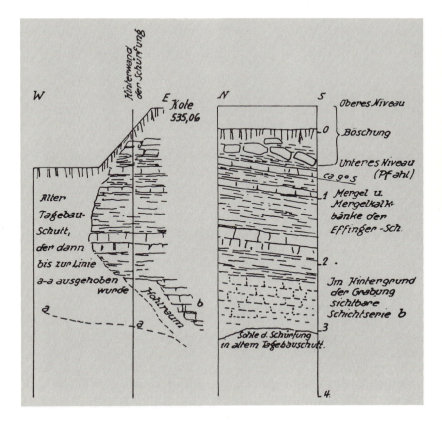

*Links:
Skizze der Schürfung Nr. 124 W Boll 1: Hier stellte Amsler einen alten Abbau unbekannter Ausdehnung fest.*

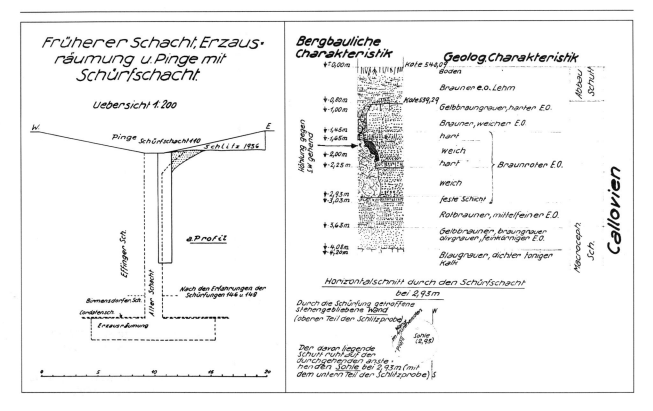

Schürfung Nr. 110, Boll (Bild links): Schürfschacht im Schutt eines alten Abbauschachtes. Schürfung Nr. 128 Rötifeld 3 (Bild rechts): Im oberen Teil einer stehengebliebenen Wand stellten die Gräber eine nach SW verlaufende Höhlung fest.

schaft zur Nutzbarmachung der schweizerischen Erzlagerstätten» ausgeführt hatte. Von den 81 Sondierschächten und 14 Kernbohrungen wurden gut die Hälfte auf Wölflinswiler Gebiet abgeteuft. Die nachstehend beschriebenen Schürfungen waren Sondierschächte mit einem Durchmesser von 1,4 Meter.

Schürfung Nr. 149, Burgstetten (W Boll). Nach 7,45 Meter ungestörtem Hangendem durchfuhr die Gräberequipe einen 0,25 Meter hohen Hohlraum, der über Schutt und Knollenschichten ungefähr in nordöstlicher Richtung verlief. Darunter war ebenfalls von Nordosten her ein alter Bergversatz in Form von gestört liegendem Eisenoolith feststellbar. Die Schürfung lag am Südwestrand einer alten Pinge (Einsturztrichter).

Schürfung Nr. 110, Boll. Eine durch schwache Bodenabsenkung erkenntliche alte Pinge wurde von Amsler zuerst mit einem radialen Sondiergraben von 9 Metern Länge angeschnitten, der danach mit dem Schutt des Sondierschachtes aufgefüllt wurde. Dieser verlief gut zur Hälfte im Schutt eines alten Abbauschachtes. Der Abraum

Handförderung der Erzkübel mit hölzernen Seilwinden (Haspel).
Holzschnitt aus Georg Agricola «De re metallica», 1556.

wurde von Amsler als Gemisch von Eisenoolith, schwarzer Erde, Mergeln und Kalksteinen der Effinger-Schichten bezeichnet. Der alte Schacht war quadratisch mit einer Seitenlänge von 2 Metern.
Wie weit sich die Erzausräumung ins Anstehende des Eisenooliths ausdehnte, ist unbekannt, doch ist es nicht ausgeschlossen, dass zur nordöstlich vorhandenen Erosionsgrenze (Ausbiss) des Erzkörpers zumindest Verbindungsgänge bestanden haben könnten und somit dieser alte und recht tiefe Schacht Bestandteil einer ehemaligen Bergwerksanlage wäre. Dies um so mehr, als sich nach Amsler nur 25 Meter weiter südöstlich, beim Punkt 546 (heute Punkt 544,7), das in der Bergwerksordnung von 1663 erwähnte «Hohe Kreütz» befunden haben könnte.

Schürfung Nr. 128, Rötifeld 3. Dieser Schacht wurde von der Schürfmannschaft im nördlichen Teil des Erzausbisses von Rötifeld, erkenntlich an der roten Farbe der Ackererde und den darin sichtbaren kugeligen Eisenoolithen, niedergebracht. Auch an dieser Stelle verzeichnete Amsler einen alten Abbau, dessen Sohle in einer Tiefe von 2,93 Metern lag. Bei 1,65 Meter ab Oberfläche stellten die Gräber im oberen Teil einer stehengebliebenen Wand eine nach Südwesten verlaufende Höhlung unbekannter Ausdehnung fest. Auch hier kann es sich nicht um eine gelegentliche Schnellgrabung gehandelt haben, sondern eher um planmässigen Abbau des Eisenerzes. Inwiefern dieser Hohlraum mit den andern drei festgestellten alten Abbauen im Zusammenhang steht, ist nicht ersichtlich.

Obwohl die Hinweise in bezug auf das Bergwerk Wölflinswil dürftig sind, sei es gestattet, das Rad der Zeit um 400 Jahre zurückzudrehen und die Bergwerksanlagen in der Fantasie zu ergänzen.

Von Oberfrick aus führt der «Enzweg» durch den an einigen Stellen bedenklich gelichteten Laubmischwald auf das Fürberg-Plateau. Tief ausgefahrene Karrengleise und heruntergefallene Erzbrocken beidseits des Weges lassen erahnen, dass hier auf schwerbeladenen vierrädrigen von Ochsen gezogenen Holzfuhrwerken eine gute Dreiviertel Tonne Eisenerz pro Ladung zu Tal gekarrt wird. Beim Verlassen des Waldes bietet sich dem Wanderer ein sonderbares Bild: Die Landschaft auf der Fürberg-Ebene sieht aus, als hätten riesige Maulwürfe das Unterste nach oben gekehrt, mannshohe, verschiedenfarbene Gesteinshaufen zurücklassend. Bei näherer Betrachtung wird ersichtlich, dass die Haufen nicht wahllos, sondern mit einer gewissen Regelmässigkeit angelegt wurden. Sie gruppieren sich um Schächte – von weitem am aus groben Balken gezimmerten hölzernen Seilwindenaufbau erkenntlich –, die senkrecht von der Oberfläche durch das Deckgebirge reichen bis hinunter zur erzführenden Schicht, in das Flöz. Dieses wird vom Bergmann in mühseliger Arbeit beim flackernden Schein eines Kienspans oder einer einfachen Rüböl-Lampe in primitiven Stollen abgebaut.

Einige dieser Pingen sind in Betrieb. Bei den einen tönen aus dem Bauch der Erde hell klingende Schläge: Eisen schlägt auf Eisen – das Gestein im Erzhorizont wird losgebrochen. Daneben winden zwei Halbwüchsige mittels der Seilwinde einen mit Erzbrocken prall gefüllten Holzzuber in die Höhe und entleeren ihn auf den roten Haufen. Dies ist der Erzvorrat, bereit zum Abtransport in die Bläje, wie die Schmelzöfen in den umliegenden Dörfern genannt werden. Die danebenliegenden Haufen aus braunem und hellem Gestein, vermischt mit grauen Mergeln, sind taubes Material, das beim Auflassen des Schachtes zum Auffüllen benutzt wird.

Beim Weitergehen fällt auf, dass der Erzhorizont offenbar auch vom Ausbiss her mit bis zu drei Meter breiten Gräben ausgebeutet wird, die an einigen Stellen gegen den höchsten Punkt des Fürberges in dunkle Stollenmundlöcher übergehen. Hier wird das Erz in kleinen Holzkarren aus dem Berg geschafft und direkt auf die wartenden

Eisen schlägt auf Eisen, das Gestein wird losgebrochen. Detail eines Holzschnitts aus Georg Agricola «De re metallica», 1556.

«Einfahrende» Bergleute: mit der Leiter (A), auf dem Knebel sitzend (B), auf dem Leder rutschend (C), auf gehauenen Stufen (D). So könnte es auch beim Bergwerk Wölflinswil ausgesehen haben.
Holzschnitt aus Georg Agricola «De re metallica», 1556.

Fuhrwerke verladen. Schmale Entwässerungsgräben führen schmutzigrotes Wasser, das, wird es nicht abgeleitet, die Stollen innert kürzester Zeit in einen roten, schlammigen Morast verwandelt und unbegehbar macht. Aufgelassene und stark zerfallene Abbaustellen zeugen davon, dass der Fürberg schon seit langer Zeit nach dem begehrten roten Eisenerz durchwühlt wird. Damit ist die Schaffung der bei den Erzbauern unbeliebten Bergwerksordnung verständlich, die eigentlich nichts anderes bezweckt, als in dieses Durcheinander von in Betrieb stehenden und bereits wieder aufgelassenen Abbauen eine gewisse Disziplin zu bringen.

Die bei diesem kurzen Gang über den Fürberg skizzenhaft beschriebene Bergwerksanlage muss sich aufgrund von Feldbeobachtungen und Hinweisen in der Literatur im Gebiet Rötifeld-Burgstätte im Bereich der nördlichen Ausbisszunge befunden haben.

Ein weiteres schönes Beispiel alter Abbaustellen kann noch heute im östlichen Teil des historischen Bergbaugebietes besichtigt werden. Im «Katzenrütiboden», einem kleinen Waldstück des «Junkholzes» südöstlich des Geindelhofes, sind über 50 kleinere Gruben erkennbar, die von dem hier in Fuxlöchern betriebenen Abbau herrühren.

Amsler nennt in seiner Arbeit über die Flurnamen des Gebietes weitere Gruben, die Ende des 18. oder zu Beginn des 19. Jahrhunderts noch sichtbar waren: die Grube im «Hasli», zwei bei den Fürberg-Höfen, wovon eine bereits 1935 vollständig eingeebnet war, sowie eine Grube östlich vom Hof «Geindel».

Alle diese ehemaligen Erzgruben sind seit Generationen aufgefüllt und, soweit sie auf offenem Land lagen, rekultiviert. Die eine oder andere kann bestenfalls im schrägfallenden Herbstlicht als Unregelmässigkeit im Bodenrelief ausgemacht werden.

Blütezeit des historischen Bergbaus

Verfolgt man das im frühen Fricktaler Bergbau ergrabene Erz auf seinem weiteren Weg von der Grube bis zur Verarbeitung in schmiedbares Eisen, so sind bezüglich der direkten Auswirkungen auf den Bergbaubetrieb die folgenden Gewerbe von Bedeutung: das Transportwesen, die Schmelzerei (Bläjen), die Köhlerei sowie, am Wasser gelegen, die Hammerwerke, die das Eisen als «Halbfabrikat» an verschiedene Abnehmer lieferten.

Der bereits mehrfach im Zusammenhang mit dem historischen Bergbau genannte «Fürberg» darf nicht in streng topographischem Sinn aufgefasst werden. Nach der heutigen Landeskarte liegt der grösste Teil davon im Banne von Gipf-Oberfrick, nur ein Rest auf Wölflinswiler Gebiet. Im Mittelalter nannte man das ganze hügelige Gelände zwischen Gipf-Oberfrick, Wittnau, Wölflinswil und dem westlichen Herznach «Fürberg».

Die Ausbeutung der Gruben erfolgte durch ortsansässige unfreie Bauern, die den Bergbau neben ihrer Landwirtschaft betrieben. Eine Bergbautradition, wie sie etwa aus dem vorderösterreichischen Schwaz oder aus Elsass-Lothringen bekannt war, gab es nicht. Erst anfangs des 16. Jahrhunderts taucht in spärlichen urkundlichen Hinweisen die «Ernzergemeinde» oder «Gemeinde im Frickthal» als Organisation der Erzgräber, Erzfuhrleute und privater Masselbläser auf. Diese hatte sich wohl eher als eine Art Selbsthilfe gegen die mächtigen Hammerschmiede denn aus bergbaulichem Standesbewusstsein heraus gebildet. Schriftliche Satzungen existierten keine. Der Fricktaler Historiker Arnold Münch schrieb darüber 1893: «Über die Organisation (der Ernzergemeinde) ist, da kein bezügliches

Darstellung der «Erzer im Frickthal» in Sebastian Münsters Kosmographie, 1550.

Schriftstück auf uns gekommen ist, vielleicht auch ein solches nie bestanden hat, nur das wenige bekannt, was sich vereinzelten dürftigen Aufzeichnungen entnehmen lässt. Der Mangel einer geschriebenen Ordnung erklärt sich daraus, dass überhaupt im Mittelalter wenig geschrieben wurde; dass die Gewerkschaften, welche den Bergbau betrieben, ausserhalb des Zunftverbandes (der Hammerschmiede) standen und ihre Ordnungen nicht auf einmal erlassen wurden, sondern allmählich zusammenkamen, (...), dass das meiste mündlicher Überlieferung vorbehalten blieb und, nachdem das Wichtigste durch die im Jahr 1517 für die vorderösterreichischen Lande erlassene allgemeine Bergordnung geregelt wurde, die übrigen auf den inneren Haushalt der Gewerkschaft Bezug habenden Bestimmungen, als in der Bevölkerung eingelebt, schriftlicher Abfassung nicht bedürftig erschienen.»

Der Vorstand der Ernzergemeinde bestand aus Meyer, Vogt und Geschworenen. Der Meyer wurde vom königlichen Bergrichter ernannt und war dessen Stellvertreter. Er verwaltete das Bergwerk, besorgte die Einziehung der Gebühren und deren Weiterleitung an die Herrschaft und führte den Vorsitz bei den Zusammenkünften der Bergleute. Die Geschworenen waren dem Meyer bei seinen Amtshandlungen behilflich und Beisitzer an den Berg-Gerichtstagen.

Die Interessen der Ernzergemeinde wurden vom Vorstand aber auch nach aussen vertreten. Als in der bernischen Herrschaft Urgiz (Densbüren) ein Eisenwerk mit Hammer und Schmelzofen errichtet wurde, das Erz aus Wölflinswil bezog und daraus Roheisen herstellte, erhob der Hammerbund dagegen Einspruch. Auf St.-Dionisen-Tag (10. Oktober) 1519 wurden Meyer, Vogt und Geschworene vor das österreichische Schiedsgericht zu Ensisheim im Elsass geladen, wo sie die Handlungsweise der Ernzergemeinde zu vertreten hatten.

Das nach langem Hin und Her auf 30 Folioseiten festgehaltene Urteil änderte nichts an der Stellung der Ernzergemeinde. Das Erz durfte nur an die österreichischen Hammerschmiede verkauft, das bernische Amt Urgiz nicht mehr beliefert werden. Ganz aufgehört haben die Lieferungen ins Bernische jedoch nie, wie aus späteren Urkunden ersichtlich ist.

An die Stelle des Meyers trat gegen Ende des 17. Jahrhunderts der Vogt oder Grubenvogt. Er kontrollierte die Erzgräber und Fuhrleute und war besorgt, dass Grub- und Masselgelder in die richtigen Taschen flossen. Wenn er und sein Stellvertreter, der Grubvogteiverweser, der herrschenden Zustände nicht mehr Herr wurden, hatten die Vögte der zum Bergwerk gehörenden Vogteien Herznach, Frick (mit Gipf und Oberfrick), Wittnau und Wölflinswil, die «gemeinen amptleuthen des Frickthals», Aushilfe zu leisten. Diese Organisation ist verständlich, wenn man bedenkt, dass die Ernzergemeinde bereits 1520 etwa 400 Menschen (inklusive Familienangehörige) umfasste und in der Blütezeit des Bergbaus im 16. und anfangs des 17. Jahrhunderts eher noch zugenommen haben dürfte.

Die wirtschaftliche Bedeutung des Bergbaus für diese Vogteien geht aus einem Dokument von 1600 hervor, in dem unter anderem namens der «Unterthanen im Frickthal» ausgeführt wird: «... dass sie zum grösseren Theil aus Zuführung des ärtzes ihre baurengewerbe und haushaltungen erhalten. Denn auf manchem baurengewerbe seien etwa ein Vater und vier oder fünf Söhne und wenn es zum Erbfall komme, je einer die anderen alle auslösen müsse, und alssdann die ausgelössten sich sonst mit kheinem anderen thun als dem Berckhwerckh ernähren könnten. Denn wenn sie das (Bauern)gewerb zertheilten, die erbtheil auch so gering werden, dass sich kheiner mit weib und khindt allein daraus zu ernehren, sondern auch sich durch Mittel des berckhwercks erhalten müsse.»

Die Namen der Grubenvögte sind überliefert in Rechnungen aus der Zeit von 1596–1743.

1596–1605	Hans Jakob Bürcher von Wölflinswil, Grubvogteiverwalter
1608–1611	Bernhard Hort von Wölflinswil
1612	Hans Jakob Bürcher
1614–1615	Adam Heinimann
1617	Hans Wüpff
1621–1627	Hans Bürri von Herznach
1653–1657	Ludwig Fricker von Herznach
1659–1666	Ludwig Fricker von Wölflinswil
1670–1676	Daniel Fleckenstein
1680–1692	Fridolin Liechti
1695	Hans Reimann
1705–1712	Wolfgang Häselin
1717–1724	Johann Herzog
1725–1734	Joseph Dreyer
1735–1743	Philipp Herzog

Eine im aargauischen Staatsarchiv aufbewahrte Zusammenstellung über «Das Gruebgellt vonn Massen (Masseln) und Erntz» vom 18. Oktober 1521 nennt Erzarbeiter, Fuhrleute und Masselbläser aus den Dörfern Oberfrick (18), Niederfrick (7), Wyttnouw (16), Eiken (9), Louffenburg (4), Herznach (9), Oberüken (6), Niederüken (2), Niederzeyen (5), Oberzeyen (2), Dennsperg (Densbüren) (3), Asp (6) und Wölflinswil (27).

Erzarbeiter von Wölflinswil. Urkunde vom 18. Oktober 1521 im Staatsarchiv Aargau (Fricktal, 6336).

Erzarbeiter aus Dennsperg (Densbüren) und Asp in der bernischen Herrschaft Urgiz. Urkunde vom 18. Oktober 1521 im Staatsarchiv Aargau (Fricktal, 6336).

Aus Wölflinswil sind namentlich erwähnt: «During am Rhein, jung Heny von Uecken, Heny von Uecken, Uelly Horgolin, Wernne Horgolin, Cleuwe (Claus) Mettler, Wernner Meyger, Ruody Henmann, Clewe Huober, Fridly von Uecken, Martin Breitfeld, klein Hans Hortt, Hans von Herznach, Uelly Meyger, Adam Heinman, Hans Kenne im Hoff, Ruody Kopp im Hoff, Hans Kopp im Hoff, Hans Müller, Hanns Gros, Lasarius Fricker, Uelly Inderstras, Moritz Meyger, Claus Fricker, Uelly Kopp, Ruody Hortt und Hans Gasser.»

Interessant ist die Erwähnung der beiden Dörfer Dennsperg (Densbüren) und Asp in der bernischen Herrschaft Urgiz. Sie besagt, dass die Densbürer und Asper entweder selbst auf Wölflinswiler Gebiet graben und das Erz wegführen durften oder, was wahrscheinlicher ist, dass sie das Erz von der Ernzergemeinde gegen Holzkohle angeliefert bekamen und in ihrem durch Flurnamen und Schlackenfunde nachgewiesenen Blasofen «Uf der Bläj», nachher im urkundlich bezeugten Hammerwerk in der «Hammermatt», hart an der österreichischen Grenze, zu Masseln verarbeiteten. Diese mussten dann wieder ins fricktalische «Ausland» exportiert und dabei das Masselgeld entrichtet werden. Das Grubgeld (8 Pfennige) und das Masselgeld (12 Pfennige oder ein Schilling), hatten die Fricktaler Erzbauern und -fuhrleute der Herrschaft in Rheinfelden als Steuer zu bezahlen. Als Mass für die Kaufkraft des damaligen Geldes mögen die folgenden Angaben dienen: Für 12 Pfennige erhielt man einen 10 Pfund schweren Salm (Lachs), für 18 Pfennige ein Schaf und für 12–15 Pfennige ein Schwein.

Als Liefereinheit galt die Karrette. Das war ein gewöhnliches Bauernfuhrwerk mit einem Fassungsvermögen von etwa vier (Berner) Kübeln zu 3,5 Zentnern, was einem Gesamtgewicht von rund 700 Kilogramm entsprach. Bei der Ablieferung nahm der Fuhrmann nicht nur den Fuhrlohn, sondern auch den Gräberlohn, das bereits ausgelegte Grubgeld und vermutlich auch den schon bezahlten Zoll in Frick in Empfang. Abgenommen wurden die Erzlieferungen beim Hammerwerk von einem vereidigten Erzmesser.

Die Verhüttung zum Roheisen

Die Weiterverarbeitung des Fricktaler Eisenerzes geschah bis zum Anfang des 16. Jahrhunderts in einfachen Schmelzöfen oder sogenannten Rennfeuern. Das Erz wurde mit Zuschlag von gebranntem Kalk und Holzkohle im Ofen reduziert; am Boden des Rennfeuers entstand ein klumpenförmiges, von Schlacken, Kalk- und Kohlestückchen durchsetztes Netzwerk von metallischem Eisen, die sogenannte Luppe. Die zur Reduktion des Erzes benötigten Temperaturen konnten nur durch Zufuhr von Wind mittels hand-, später wasserbetriebener Blasebälge erzeugt werden. Also trachtete man schon früh danach, Schmelzhütten in der Nähe von Bächen oder Flüssen zu errichten. Der Rennofen wurde nach 1500 aufgrund steigender Nachfrage nach Eisen durch den Schacht- oder Stückofen abgelöst, der wesentlich grösser war und, was damals am meisten zählte, grössere, ebenfalls schmiedbare Luppen produzierte.

Während man das Eisen vor 1500 fast ausschliesslich zu Hieb- und Stosswaffen sowie Werkzeugen verarbeitete, fand es nach dem ausgehenden Mittelalter eine breitere Anwendung, nicht nur für Gegenstände des täglichen Gebrauchs, sondern hauptsächlich für die Herstellung von Feuerwaffen, seit jene gegen Ende des 15. Jahrhunderts für die Kriegführung von ausschlaggebender Bedeutung waren. Das um diese Zeit verbesserte Schiesspulver erforderte nicht nur widerstandsfähigere Geschütze, sondern vor allem andere Geschosse. Die bis dahin verwendeten Steinkugeln wurden nach vorübergehender Verwendung von schmiedeisernen Kugeln durch Geschosse aus Gusseisen ersetzt.

Es ist bezeichnend, dass mit dieser Entwicklung auch eine Umwälzung in der Eisenschmelzerei vor sich ging. Die mit Wasserkraft betriebenen Gebläse wurden immer besser und lieferten mehr Wind mit höheren Drücken, was wiederum eine Erhöhung der Stücköfen auf 3–5 Meter Schachttiefe möglich machte. Dadurch war eine bessere Ausnützung des Brennstoffes gegeben. Die Reduktion des Eisenerzes erfolgte in solcher Höhe über der Blas-Stelle, dass das Eisen Gelegenheit hatte, im unteren Teil des Ofens Kohlenstoff aufzunehmen, wodurch Roheisen entstand. Die höhere Temperatur des Ofens brachte eine bessere Wirtschaftlichkeit des Verfahrens; eine höher schmelzende, beinahe eisenfreie Schlacke wurde erzeugt. Das flüssige Roheisen vergoss man zu Masseln, die dann der Hammerschmied im Frischfeuer zu schmiedbarem Eisen verarbeitete. Die höheren Stücköfen wurden Blauöfen, Bläyöfen oder kurz Bläjen genannt. Urkundliche Erwähnungen belegen ihre Anwendung auch im Fricktal.

Es ist nicht ausgeschlossen, dass es sich beim 1948 von der Fricktalisch-Badischen Vereinigung für Heimatkunde im Kaister Wald ausgegrabenen «Schmelzofen in der Seematt» um eine solche Bläje gehandelt hat. Bergbauarchäologisch wurde die rekonstruierte Anlage noch nicht untersucht; auch eine Analyse der Eisenschlacken steht noch aus. Pläne und verschiedene Akten darüber werden im Fricktaler Museum in Rheinfelden aufbewahrt.

In einem Marchbrief zwischen der Herrschaft Rheinfelden und Homberg wird um 1400 die «Bläygen ze obern-Herznach» bezeugt.

Planaufnahmen (Ausschnitte) des 1948 von der Fricktalisch-Badischen Vereinigung für Heimatkunde ausgegrabenen und konservierten «Schmelzofens» in der Seematt bei Kaisten (Fricktaler Museum, Rheinfelden).

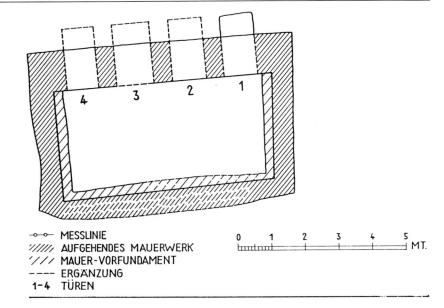

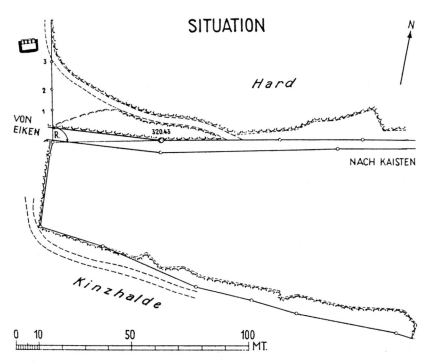

Eine Vergabung an das Kapitel Frick nennt die «blagen uff dem Eggler» in Wittnau.

Die Standorte solcher Bläjen lassen sich in allen Dörfern der Ernzergemeinde nachweisen; als Schlackenfunde an Bächen oder verschleppt auf Feldern und durch Flurnamen. Schlackenstücke wurden vom Autor sogar auf der Ruine Urgiz, im Mörtel des Rundturms nachgewiesen. In unmittelbarer Nähe des ehemaligen Bergwerks auf dem Fürberg fehlen sie. Dies hat seinen Grund.

Holzkohle: Schwarzes Gold

Der Schmelzprozess erfordert grosse Mengen an Holzkohle. Diese konnte nur aus waldreichen Gegenden herbeigeschafft werden, wo sie von Köhlern durch Verkohlen von Holz in Meilern (Kohlplätze, Kohlhalden) erzeugt wurde. Zeitgenössische Schilderungen, nach denen die Eisenerzeugung ganze Wälder verschlungen habe, sind keineswegs übertrieben, wenn man die Umstände etwas näher untersucht. Zur Erzeugung einer Tonne Roheisen in einer Bläje waren 8 Tonnen Holzkohle erforderlich. Dafür mussten 30 Tonnen frisch geschlagenes Holz verkohlt werden. Das sind 45 Ster Holz oder eine Holzmenge, die in einem Buchenwald von rund 5 Hektaren jährlich nachwächst!

Damit ist es auch verständlich, warum das Erz in der Nähe der Kohle zu den Schmelz- und Hammerstätten transportiert werden musste. Diese lagen an guten Verkehrswegen in waldreichen Gebieten, an der Aare und am Rhein, nur vereinzelt und in den Anfängen der Eisenindustrie noch in den Tälern (Wittnau, Wölflinswil, Oberhof, Zeihen, Herznach, Densbüren). Hinweise auf eine einst recht lebhafte Köhlerei im Amt Urgiz gibt es genügend. Aus Densbüren beschrieb U. Schaufelberger 1983 am «Strihen» 35 alte Holzkohlen-Meilerplätze und verschiedene andere Geländestrukturen, die auf früher intensive Waldnutzung schliessen lassen.

Eine gute Beschreibung der Eisenerzeugung im 15. Jahrhundert gibt Antonio Averlino Filarete 1414. Er berichtet über ein Eisenwerk:
«Das Gebäude, in welchem das Eisen bereitet wird, liegt nahe am Fluss und ist ein Viereck, das durch eine 8 Br. (4,8 m) hohe Mauer in zwei ungleich grosse Räume geteilt wird. Der kleinere von diesen wird von dem Schmelzofen eingenommen, von dem man nur die obere Fläche mit der Öffnung sieht, da der Fussboden erhöht ist; er ist mit feuerfesten Steinen aufgemauert; im anderen Raum daneben befinden sich die beiden Blasbälge, die auf dem Fussboden, und zwar auf der hohen Kante stehen; nicht also, wie sonstwo, flach daliegen.

Erzeugung von Holzkohle durch Meilerverkohlung. Kupferstich aus dem 18. Jahrhundert.

Sie werden durch Wasserkraft betrieben und münden beide in ein Rohr, welches die Scheidewand durchsetzend, in den Schmelzofen tritt. Die Bälge sind 6 Br. (3,6 m) lang und deren 4 (2,4 m) breit; die Öffnung, durch welche sie Luft einziehen, misst 1 Br. (59,5 cm) aufs Geviert. Sie sind von stärkstem Rindleder gefertigt und mit gutem Eisen beschlagen. Beim Blasen bringen sie ein wahrhaft donnerähnliches Geräusch hervor. In ihrer Nähe befindet sich ein Becken mit fliessendem Wasser, in welchem das ausgeschmolzene Eisen gekühlt wird; dabei entwickelt sich ein starker Schwefelgeruch.

Blasofen oder Bläje in Sebastian Münsters Kosmographie, 1550.

Die Arbeiter sind kräftige Leute, die, beschmutzt, im Hemd oder sonstwie dürftig gekleidet, mit Holzschürzen versehen, neben dem Ofen stehend, ihn schüren und das Metall ausfliessen lassen: sie erinnern an jene Kerle im Hause Plutos, welche die armen Seelen plagen...» – eine Schilderung, wie sie anschaulicher nicht sein könnte. Zwar führte die Reise Filarete durch Italien, doch kann angenommen werden, dass die geschilderten Beobachtungen 100 Jahre später auch im Eisengewerbe des Fricktals hätten gemacht werden können, zumal die beschriebenen Verfahren 1556 von Agricola ausführlich publiziert worden waren und heute nicht ersichtlich ist, warum diese nicht auch im Fricktal hätten zur Anwendung kommen können. Wenn im 16. und 17. Jahrhundert im Fricktal für die damalige Zeit bedeutende Mengen an Eisenerz gegraben und in Schmelzhütten zu Luppen verarbeitet wurden, muss auch ein leistungsfähiges Eisengewerbe bestanden haben, welches das Roheisen in schmiedbare Halbfabrikate umformte. Dieser Produktionsschritt war Aufgabe der Hammerwerke, von denen es an der Aare und vor allem am Rhein eine grössere Anzahl gab.

Der Hammerbund

Die Ansiedlung der Hammerwerke an den beiden grossen Wasserstrassen hatte gewichtige Gründe: die technische Entwicklung der Hammerwerke und Bläjen, die immer mehr auf Wasserkraft angewiesen waren; der Holzreichtum des südlichen Schwarzwaldes (Hotzenwald); die Wasserkraft der Bäche und der kunstvoll angelegten Wühre (bis 26 km lange; 1–2 m breite künstliche Wasserläufe) im Gebiet des Hotzenwaldes und schliesslich der Rhein – in Olten und Aarau die Aare – als Transportweg.
So ist es auch einleuchtend, dass Laufenburg als nächstgelegenes mittelalterliches Städtchen bereits Ende des 15. Jahrhunderts zum Zentrum des Eisengewerbes wurde.
«Damit der arm bey dem reichen und einer bey dem anderen bleiben mög», wurde am St.-Antonien-Tag (21. Januar) 1494 in Laufenburg bei einer Meisterversammlung «der hammerschmiden des issengewerbs so man nent die Grosschmiede, von allen orten wo die im land gesessen seind» – 33, kurz danach 36 an der Zahl – die Aufstellung des «Pundtbrieff gemeiner Hammerschmidt und Pundtgenossen dess Eisenbergwerks in Frikthaal» beschlossen. Am 26. Juli 1498 bestätigte Kaiser Maximilian I. zu Freiburg diesen Bundbrief der Schmiede. Spätere Bestätigungen brachten Zusätze und Änderungen. Letztmals befasste sich damit Kaiser Leopold im Februar 1670.

Kennzeichnend für die kartellartig anmutende Zunftverfassung des Hammerbundes war die Produktionsbeschränkung für die einzelnen Hammerwerke und somit ein direkter Schutz für die Kleinbetriebe der Bundgenossen, die damit auch Bestimmungen erhielten, wie die Geschäfte mit den Köhlern, den Mitgliedern der Ernzergemeinden und mit dem Handel zu geschehen hatten. Ein Obmann wurde gewählt, der die Meister zu vertreten und eine gewisse Aufsicht auszuüben hatte. Er wurde mit Strafkompetenzen ausgestattet.

Jeder Hammer erhielt nur ein bestimmtes Quantum Eisen zugesprochen. Unter monatlicher Kontrolle waren für jeden Meister jährlich nicht mehr als 10 Schiffspfund zu 167 Kilogramm Roheisen und sechs «burdj» zu 36 Kilogramm «Pflugscharren» als Fertigprodukte zugelassen. Das entsprach einem jährlichen Produktionsgewicht von 1886 Kilogramm.

Eine verhältnismässig kleine Menge, deren Richtigkeit sich aber mit den Grubgeldern kontrollieren lässt. Nach der Gründung des Hammerbundes betrug die jährlich erlaubte Produktionsmenge rund 62 Tonnen. Um 1500 wurden jährlich 1320 Karretten Erz gefördert, was einer Gesamterzmenge von 925 Tonnen entspricht. Nimmt man einen mittleren Eisengehalt von 25 Prozent an und ein Ausbringen (Ausnützungsgrad) von ebenfalls 25 Prozent, ergibt sich eine jährliche Roheisenproduktion von 57,75 Tonnen, was nicht schlecht mit den Kontingenten des Hammerbundes übereinstimmt.

Der Bund verschaffte sich Mitsprache beim Arbeitsrecht, indem er festsetzte, dass ein entlassener Geselle von einem anderen Meister nicht ohne Bewilligung des früheren eingestellt werden durfte. Wer eine bei Verstoss gegen die Ordnung verhängte Busse nicht bezahlte, dem durften weder Erz noch Masseln abgegeben werden.

Über Qualität, Preis und Gewicht der Erzeugnisse enthalten die Satzungen genaue Vorschriften. Die Prüfung und Wägung eines Produktes geschah in der Herrschaft, in der es geschmiedet wurde. Der Vorrat an gekauften oder selbstgeblasenen Masseln durfte den Wochenbedarf, jener an Holzkohle den Jahresbedarf nicht übersteigen. Eine wichtige Bestimmung bestand im Verbot, neue Werke zu erstellen. Einem nicht genehmigten neuen Hammer durften ebenfalls kein Erz und keine Masseln geliefert werden. Damit wollte man erreichen, dass die Ernzergemeinde und ihre Masselbläser für den Vekauf ihrer Produkte ausschliesslich auf den Hammerbund angewiesen waren, was dann 1519 beim Gerichtsentscheid von Ensisheim dem Bund bestätigt worden war. Anderseits musste dieser sich verpflichten, jährlich eine bestimmte Menge Fricktaler Eisenerz zu verhütten.

Wie es in einem Hammerwerk dieser Zeit aussah, schildert Nicholas Bourbon im Gedicht «Der Eisenhammer», das 1533 erschien:

... «Ist die geschmolzene Masse erst dem Ofen entnommen, so verdient sie noch nicht den Namen richtiges Eisen. / Nochmals schmilzt ein Giesser sie ein, nachdem er zertrümmert, was eben erst entstand; der zweite Ofen verbessert, / Macht geschmeidig das Eisen und bringt zur Kugelgestalt es. Kräftige Hände müssen sodann es strecken und glätten. / Sie verwenden dabei den Riesenhammer aus Eisen, von gewaltiger Kraft des Wassers wird er getrieben. / Wieder glühn sie geduldig das Eisen, drehen's im Feuer, starke Zangen verwendend herum und tauchen es glühend ein in bereitetes Wasser.» (...)

Der wirtschaftlich starken Zunftorganisation der Hammerschmiede waren die Mitglieder der Ernzergemeinde nicht gewachsen, und es erstaunt daher nicht, dass man immer wieder in Urkunden über Meinungsverschiedenheiten liest, die nicht selten in Gerichtsverhandlungen endeten.

Meistens ging es um den Preis des gelieferten Erzes oder der privat erzeugten Masseln, auch Kleyel genannt (daher wohl auch die Bezeichnung «Kleyelbach» in Wittnau). Oft verweigerten die Grossschmiede die Abnahme, so dass die Ernzergemeinde klagen musste. So zum Beispiel 1566, als zur Gerichtsverhandlung vor den fürstlichen Räten zu Rheinfelden am 19. Juli erschienen: auf Seiten der Grossschmiede Hans Manold, Schultheiss von Säckingen; Clement Leu, Stadtbaumeister daselbst; die Laufenburger Bürger Hans Rosenblatt und Bernhard Müller; auf Seiten der Genossen des Bergwerks Hans Nussbaum, Obervogt zu Hornussen; jung Hans Mösch, Homburger Vogt zu Frick; Heinrich Hueber von Herznach und die beiden Oberfricker Hainrich Pfister und Paschen Hausner.

Das Schiedsgericht kam zu folgendem Urteil: Der Bundgenossenbrief von 1494 bleibt in Kraft. Die Ernzer sollen das Erz graben und die Hammerschmiede sind schuldig, es zu einem billigen, doch vernünftigen Preis entgegenzunehmen. Auch Massel und Kleyel, welche die Bewohner selber blasen und herstellen, müssen von den Hammerschmieden, wenn sie fachmännisch erschmolzen und gerüstet sind, zu einem «gebührenden» Preis abgenommen werden.

Frischfeuer und Hammerschmiede zur Erzeugung von schmiedbarem Eisen. Holzschnitt aus Georg Agricola «De re metallica», 1556.

Nägel für das Schloss Pruntrut

Der Absatz des vom Hammerbund erzeugten Eisens erfolgte auf verschiedene Arten. Einmal in der weiteren Umgebung Laufenburgs an die Grobschmiede, Schlosser und andere Handwerker.
Um welche Art von Erzeugnissen es sich dabei handelte, geht aus dem Eid eines «Ysenwegers zu Louffenberg» hevor: «Es sei Krum- oder Radeysen, wegeysen (gewogenes Eisen), steb (Stäbe), es kouf-

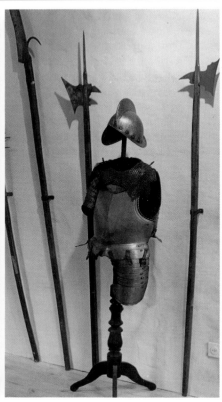

Nicht nur Hieb- und Stosswaffen, sondern auch Rüstungen, Werkzeuge und Gegenstände für den täglichen Gebrauch wurden aus Laufenburger Eisen hergestellt.

fens die huffschmied hie oder andere ...» Der weitaus bedeutendste Abnehmer des Laufenburger Eisens aber war die Alte Eidgenossenschaft, deren Vertreter sich im Eisenhaus zu Laufenburg oder auf den Zurzacher Pfingst- und Verena-Messen (1. September) mit Fricktaler Eisenprodukten eindeckten.

Obwohl für heutige Verhältnisse geringe Mengen gehandelt wurden, trifft man Laufenburger Eisen in urkundlich nachgewiesenen Verkäufen häufig an. Der Bischof von Basel liess 1465 die Nägel für das Schloss Pruntrut in Laufenburg herstellen. Ulrich Meltinger von Basel handelte von 1470 bis 1493 mit Laufenburger Eisen. 1488 notierte der Solothurner Säckelmeister: «Item – dem Ysenmann von Louffenberg (...) ysen zuo miner herren wegen ... 2 pfund 10 schilling». Der Schaffner des Spitals von Zürich kaufte 1500 und 1507 in Laufenburg Radeisen.

An der Tagsatzung zu Baden führte der Stand Zürich am 14. März 1563 über die Laufenburger Hammerwerke Beschwerde, dass die zürcherischen Schmiede- und Schlossermeister sich beklagen über Erhöhung des Preises und Verminderung des Gewichts des Laufenburger Werkeisens.

Aus dem Hammerbund hatte sich im Laufe der Zeit ein kapitalistisch organisiertes Kartell gebildet, das sich mit Hilfe der Regierung das Monopol auf das Fricktaler Eisen zu sichern wusste. Dieser Umstand, verbunden mit dem immer stärker sich bemerkbar machenden Mangel an Holzkohle, bewirkte, dass die Erzbauern um Wölflinswil die eigene Masselherstellung aufgeben mussten und ihnen nur noch die Erzfuhren zu den verschiedenen Bläjen blieben. Der daraus resultierende Erlös – Fuhrlohn und Erzverkauf – war nach Abzug der Steuern so gering, dass sich eine intensive Weiterführung des Bergbaus nicht mehr lohnte, zumal durch das Urteil des Schiedsgerichts in Ensisheim von 1519 eine Zusammenarbeit mit den Kohle-Lieferanten des bernischen Amtes Urgiz erschwert worden war. An eine Neueröffnung der zerfallenen Gruben war ebenfalls nicht zu denken. Die Kosten dafür wollten weder der Hammerbund noch die Regierung übernehmen, am allerwenigsten die Erzgräber, «die mehrenteils nichts habend als viel Kinder». Aber auch mit dem Hammerbund ging es bergab. 1638 loderten bei der Besetzung der Stadt Laufenburg durch die Schweden vier grössere Hammerwerke in Flammen auf. Am Mühlen- und Andelsbach, «wo sich Schmiede an Schmiede, Blasofen an Pleye (Bläje) erhob», dehnte sich ein Trümmerfeld aus. Bis 1648 hielten die Franzosen die Stadt am Laufen besetzt; 1667 war wieder ein Pestjahr – die Eisenindustrie erholte sich nie richtig von diesen Rückschlägen.

Dazu machte sich Konkurrenz aus einer anderen Richtung bemerkbar. Seit 1649 wurden vom Abt zu St. Blasien in Gutenburg, nachher in Kutterau, Hochofenwerke betrieben, die hochwertiges Eisen aus phosphorarmen Bohnerzen herstellten. 1681/82 waren in Albbruck ein neuer Hammer und ein Hochofenwerk gebaut worden, dem laut Konzession gestattet war, neben Wölflinswiler Erz auch Bohnerze aus der Grafschaft Baden (Tegerfelden) zu verhütten.

Schon seit längerer Zeit wusste man, dass im Hochofenbetrieb aus Fricktaler Erz nur minderwertiges Eisen für «Radschienen und Scharblätter» hergestellt werden konnte. Der Grund dafür lag im hohen Schwefel- und Phosphorgehalt, der beim Stückofen in der Schlacke blieb, während die hohen Schmelztemperaturen im Hochofen bewirkten, dass die schädlichen Elemente ins Eisen übergingen. Schwefel bewirkt Rotbrüchigkeit, Phosphor Kaltbrüchigkeit.

Der Hammerbund hatte versäumt, rechtzeitig einen eigenen Hochofen zu bauen, und somit den Anschluss an die wirtschaftliche Entwicklung verpasst, so dass die einst blühende Eisenindustrie im Fricktal, wenn auch nicht durch die Zunftorganisation, so doch durch ihre mangelnde Anpassungsfähigkeit an die neuen Verhältnisse zum Erliegen kam.

1736 standen in Laufenburg und Murg nur noch vier Hämmer in Betrieb. 1743 stellte auch das Bergwerk Wölflinswil seine Förderung endgültig ein, nachdem es seit Anfang des 18. Jahrhunderts kaum noch lieferfähig gewesen war. Vereinzelt wurde auf dem Fürberg noch weitergegraben. Als 1761 in Tiefenstein ein neuer Schmelzofen errichtet werden sollte, verweigerte die österreichische Regierung die Konzession, weil sie befürchtete, der Gesuchsteller werde kein Bohnerz, sondern nur oolithisches Eisenerz von Wölflinswil bekommen, daraus schlechtes Eisen produzieren und es als Albbrucker Eisen auf den Markt bringen, wodurch das Albbrucker Eisen einen schlechten Ruf erhalten würde. Der betreffende Unternehmer kaufte daraufhin 1768 eine andere Schmiede mit Ofen, erhielt in der Tat aus dem Fricktaler Erz rotbrüchiges Eisen und gab den Ofenbetrieb infolgedessen wieder auf.

1778 unternahm die österreichische Regierung einen letzten Versuch, im eigenen Land neue Lagerstätten zu erschliessen. Ihre Schürfungen in Wölflinswil und in der Gemeinde Obersulz (Fuss des Schynbergs, Fronhalde und Cheisacher) brachten jedoch nicht den gewünschten Erfolg. Damit war das Schicksal eines wichtigen Kapitels aargauischer Bergbaugeschichte besiegelt.

Wie gründlich und schnell das Bergbaugebiet Wölflinswil in Vergessenheit geriet, zeigt 1804 eine vom aargauischen Oberbergmeister Heinrich Zschokke in der «Isis» anonym veröffentlichte Bestandesaufnahme «Über die Bergwerke des Kantons Aargau»: Darin werden als Eisenbergwerke nur die Bohnerzgruben von Küttigen (Hungerberg) und Tegerfelden aufgeführt. Im gleichen Bericht heisst es über das Fricktal, das Flöz in der Gegend von Herznach (hier taucht der Ortsname Herznach zum ersten Mal in Zusammenhang mit dem Eisenerz-Vorkommen auf) sei von geringem Gehalt und kein Bohn-, sondern eine Art Stuferz; die in der Gegend von Wölflinswil unter der Erde liegende feinkörnige Eisenerde sei noch schlechter und das Eisen führe den Kaltbruch.

Ganz vereinzelt gelangte in der ersten Hälfte des 19. Jahrhunderts noch Erz von der Grube «Hasli» bei Wölflinswil nach Albbruck und Basel, später als Giesssand nach Aarau, dann wird es vollends ruhig auf dem Fürberg.

Die Gesamtförderung an Fricktaler Erz im Zeitraum zwischen 1200 und 1900 wird, gestützt auf urkundliche Belege und Schätzungen, mit etwa 275 000 Tonnen angegeben. Diese Menge hätte Platz in einem Eisenerzwürfel von rund 45 Meter Kantenlänge.

Die Geologie des Erzlagers

Im Jurameer entstanden...

Bis hierher haben wir kurzerhand vorausgesetzt, dass sich der Leser unter «Erz» etwas vorstellen kann. Der Begriff Erz ist, obwohl man darunter gewöhnlich ein metallhaltiges Gestein versteht, nicht scharf umrissen.

Der Mineraloge denkt beim Wort Erz an ein Gestein, das eines oder mehrere Metalle in chemisch gebundener Form enthält und das sich durch ein hohes spezifisches Gewicht auszeichnet, oft sogar ein metallisches Aussehen aufweist. Die Technik dagegen, und hier speziell die Bergbauindustrie, stellt die Forderung der Verwertbarkeit, damit ein Gestein als Erz bezeichnet werden kann. Somit spricht man nur von Eisenerz, wenn sich eisenhaltiges Gestein technisch und wirtschaftlich verhütten lässt.

Im Kanton Aargau gibt es zwei bezüglich Entstehung und Zusammensetzung stark verschiedene Eisenerze, die den oben erhobenen Forderungen genügen: die Bohnerze, denen im 17. und 18. Jahrhundert eine gewisse wirtschaftliche Bedeutung zukam, und die oolithi-

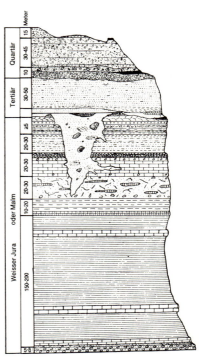

Figur 1: Schematisches Profil der Gesteinsschichten am Born bei Aarburg mit Bohnerztasche. (Nach Kehrer, 1922).

Steinbruch der Sodafabrik Zurzach:
Tertiäre Bohnerztone liegen auf jurassischen Badener-Schichten (Januar 1984).

Oben links: Nahaufnahme des Herznacher Eisenooliths (3mal vergrössert).
Oben rechts: Gewaschene Bohnerzkörner von dem auf Seite 41 abgebildeten Steinbruch, und ein Brocken oolithisches Eisenerz von Herznach.

schen Eisenerze des Oberen Dogger von Herznach. Diese sind als östliche Fortsetzung des schon lange bekannten Wölflinswiler Lagers mit Unterbrüchen von 1920 (Versuchsstollen) bis 1967 (Schliessung der Mine) bergmännisch ausgebeutet worden.

Die Bohnerze sind Verwitterungsprodukte des frühen Tertiär (Figur 1), die auf dem Festland entstanden. Sie bestehen aus unregelmässig geformten, mehr oder weniger kugeligen, oft glänzend braunen bis fast schwarzen Erzbohnen, die im lehmartigen Bolus-Ton eingebettet sind. Die gewaschenen Erzkörner besitzen einen Eisengehalt von 40%. Ein grosser Vorzug des jurassischen Bohnerzes liegt in seinem geringen Gehalt an Phosphor und Schwefel. Das ist auch der Grund, warum es zur Zeit des Holzkohlenhochofens begehrt war. Aus Bohnerz konnte ein vorzügliches Eisen hergestellt werden, das dem schwedischen Holzkohleneisen gleichwertig war.

Die grössten schweizerischen Bohnerzvorkommen liegen im Delsberger Becken und im Münstertal. Im Aargau wurden Bohnerze am Hungerberg bei Aarau, bei Küttigen und Erlinsbach, in Villnachern, am Bözberg, bei Scherz, in Tegerfelden, im Gebiet zwischen Rekingen und Mellikon, dann in Baden bei der ehemaligen Einsiedelei im Chappelerhof und oberhalb Boppelsen ausgebeutet.

Das oolithische Eisenerz ist ganz anderer Art. Das rostfarbene Gestein besteht aus 0,5 – 1 Millimeter grossen Kügelchen, sogenannten Ooiden (von griechisch oon = Ei, weil sie Fischeiern ähnlich sehen), welche eingebettet sind in einer Grundmasse, die dem verfestigten einstigen Meerschlamm entspricht. Tatsächlich ist der Eisenoolith eine Bildung des warmen Jurameeeres zur Zeit des Oberen Dogger vor etwa 160 Millionen Jahren. Das geht schon daraus hervor, dass er massenhaft Versteinerungen ehemaliger Meerestiere enthält: Ammoniten, Belemniten, Muscheln und andere.

Wenn man die Ooide im Querschnitt unter dem Mikroskop betrachtet, wird ersichtlich, dass sie einen konzentrisch-schaligen Aufbau besitzen. Den Kern bilden winzige Quarzstückchen oder Fossiltrümmer aus Calcit. Die umhüllenden Schalen sind die eigentlichen Träger des Eisens, das hier chemisch gebunden in den Mineralien Limonit und Chamosit auftritt. Der durchschnittliche Eisengehalt der Ooide beträgt rund 50%, was einem Eisengehalt von 84 Gewichtsprozent des Roherzes entspricht.

Die Grundmasse, in der die Ooide eingebettet sind, ist kalkig, mergelig bis tonig mit wechselndem, im Mittel aber etwa 10% betragendem Gehalt an limonitisch gebundenem Eisen. Der Anteil der Grundmasse am Volumen des Roherzes beträgt 56%.

Der mittlere Eisengehalt des Fricktaler Eisenoolithes kann aufgrund von Untersuchungen der Studiengesellschaft zur Nutzbarmachung schweizerischer Erzlagerstätten mit etwa 30% angegeben werden (auf trockenes Erz bezogen).

Mangan begleitet das Eisen mit einem Gehalt von 0,2–0,4%. Der Phosphor ist zum grössten Teil an Kalk und Magnesium gebunden. Sein Gehalt von 0,2–0,7% hatte zur Folge, dass auch das Roheisen phosphorhaltig war, was sich auf die Festigkeitseigenschaften nachteilig auswirkte (Kaltbrüchigkeit).

Schwefel ist fein verteilt als Schwefeleisen (Pyrit) zu 0,1–0,3% vertreten und bewirkte, wenn er in das Eisen überging, Rotbrüchigkeit.

Während die aargauischen Bohnerzvorkommen als erschöpft betrachtet werden müssen, weiss man, dass die abbauwürdigen Vorräte an Herznacher Oolith noch rund 28 Millionen Tonnen betragen.

Zwei weitere Schichtglieder der Juraformation im Aargauer Jura, die oolithisches Eisenerz führen, haben sich nach den Untersuchungen der Studiengesellschaft als nicht abbauwürdig erwiesen: die Spatkalke des Oberen Dogger von Bözen, Mandach und Cheisacher und die Humphries-Schichten des Mittleren Dogger von Wittnau, Gansingen, Sulz und Ittenthal. Über die stratigrafische Stellung der erzführenden Schichten gibt Figur 2 Aufschluss.

Zur Entstehung der Eisenoolithe von Herznach sind in der geologischen Literatur verschiedene Modelle publiziert worden. Der Aargauer Geologe Dr. Reinhart Gygi, der sich mit der Ammoniten-Fauna und der Entstehung des Herznacher Eisenoolith-Lagers beschäftigt, schliesst eine direkte Bildung von Erzlagerstätten durch Ausfällung von Eisen aus dem Wasser des Callovien-Meeres aufgrund des

	Formation	Stufe		Fossil- u. Fazieszonen		Mächtigkeit in m
QUARTÄR	Erdneuzeit			Alluvium		Gehängeschutt etc.	—
				Diluvium		Schotter, Grundmoräne	bis ca. 30
TERTIÄR		Miozän		Tortonien		Süßwasserkalk, Mergel	bis ca. 80
				Helvetien		Helicitenmergel, Juranagelfluh	bis ca. 150
						(Citharellenkalk, Grobkalk, Austernnagelfluh)	—
JURA	Erdmittelalter	Malm		Argovien		Effinger-Schichten	bis 125
						Birmensdorfer-Schichten	2,5–3,5
				Oxfordien	ob.	Cordatus-Schichten	0,15–0,35
					mittl.	Mariae-Schichten	1–7 (Eisenoolith)
					unt.	Lamberti-Schichten	
		Dogger		Callovien	ob.	Anceps-athleta-Schichten	
					unt.	Macrocephalus-Schichten	10–24
				Bathonien		Varians-Schichten	6–8
						Spatkalk	eisenoolithisch	0–10 (–15)
				Bajocien		Hauptrogenstein	90–100
						Blagdeni-Schichten	30
						Humphriesi-Schichten	eisen-oolithisch	2–5
						Sauzei-Schichten	
				Aalenien		Sowerbyi-Schichten	20–30
						Concavus-Schichten	
						Murchisonae-Schichten	eisen-oolithisch	
						Opalinuston	ca. 90
		(Lias)		—		—	?

Figur 2: Schichtenfolge und Erzhorizonte des Gebiets Herznach-Wölflinswil (nach Fehlmann und Rickenbach, 1962, verändert).

zu geringen Eisengehalts des Meerwassers aus. Er zeigt (Gygi, 1981), dass Eisenooide in normal belüftetem Meerwasser in einer Tiefe bis etwa 100 Meter entstehen können. Vermutlich wies das Ober-Dogger-Meer solche Tiefenbedingungen auf. Dafür spricht das reiche Auftreten der tieferes Wasser bevorzugenden Ammoniten und Belemniten. Die gesamte Ablagerungsdauer aller Herznacher Eisenoolithe wird von Gygi mit 6 Millionen Jahren angegeben. Dies entspricht auf der stratigrafischen Tabelle (Figur 2) der Zeit vom späten Unter-Callovien bis zum Ende des Unter-Oxfordien.

Die Ausdehnung des Erzlagers

Die oolithischen Eisenerze des Oberen Dogger oder des Callovien, wie diese Schichten von Erdwissenschaftern auch genannt werden, erstrecken sich vom Berner Jura über den Erzberg am Scheltenpass im Kanton Solothurn und das Fricktal bis in den Kanton Schaffhausen. Jenseits der Landesgrenze finden sie ihre Fortsetzung in den Lagerstätten von Zollhaus-Blumberg, Gutmadingen bis Geisslingen und Wasseralfingen bei Stuttgart. Ihre reichste Ausbildung in der Schweiz besitzen sie im Fricktal.

Stratigraphie			m	Profil	Fossilien	Paläont. Zonen	Litholog. Beschreibung	Bergbau
M A L M	Argovien	Birmensdorfer-Schichten	0.54				Mergel: grau, oft massig	
			0.39		Ochetoceras		Kalk: bunt, ruppig, hart	
			0.15		grosse Perisphincten		Mergel: grau, geschichtet	
			0.10				Mergelkalk: dunkelgrau, knollig	
			0.42				Mergel: grau, geschichtet mit schlecht erhaltenen Fossilien	
			0.13		grosse Spongien		Mergel: grau	
	Oxfordien	ob.	0.20		Cardioceras cordatum	Cordaten-schichten	Kalkmergel: grünlich, mit Knollen z.T. Aufbereitungszone / Mergelkalk: braun, oolithisch, fossilreich / Mergel: mit Knollen	
		unt. mittl.	0.38		Quenstedtoceras mariae viele Belemniten	Mariae-schichten	Knollen: hart, fast steril / Mergel: dunkel, oolithisch, mit Kalk-Knollen, schlecht erhalt. Ammoniten / Mergel: dunkelviolett	
			0.23		Quenst. lamberti	Lamberti-schichten	Kalk: braun, hart, eisenoolithisch	
D O G G E R	Callovien	oberes	0.24		Peltoceras athleta	Athleta-schichten	Kalk: rotbraun, eisenoolithisch	obere Erzbank
			0.95		Collotia		Eisenoolith rotbraun oder ziegelrot mit Kalkbänken voll Belemniten	
					Erymnoceras			
			0.13		Reineckeia anceps	Anceps-schichten	Kalk: hart, oolithisch	untere Erzbank
			1.04		verschiedene Reineckeidae		Eisenoolith grau oder dunkelbraun feiner oolithisch	
		unteres	0.10		Macrocephalites macrocephalus	Macrocephalus-schichten	Eisenoolith: mergelig	
			0.23				Mergel: bräunlichgrau	
			0.15				Kalk: sandig, hart, grau	
			0.05				Mergel: ziemlich weich	
			0.13				Kalk: sandig, hellgrau	

Figur 3: Stratigrafisches Profil des Bergwerks Herznach (nach Jeannet, 1951, verändert).

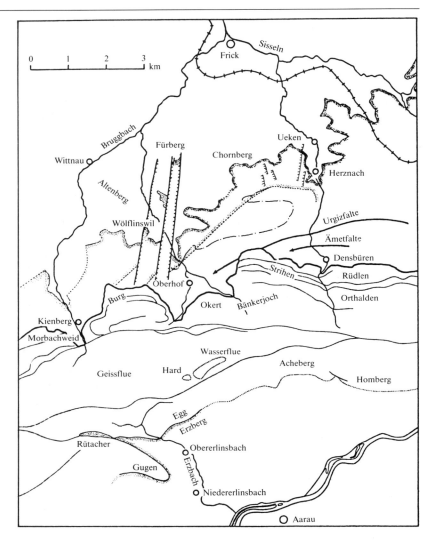

Figur 4: Das Gebiet der Eisenoolithvorkommen zwischen Aarau und Frick (nach Fehlmann und Rickenbach, 1962, verändert).

Die Lagerstätte zwischen Herznach und Wölflinswil gehört dem Mittel-Callovien an. Sie wird im Hangenden durch die Athleta-Schicht (Schutzschicht im Dach des Eisenerzes), im Liegenden durch den Kornbergsandstein begrenzt und zeichnet sich aus durch einen überaus grossen Reichtum an versteinerten Resten (Fossilien) ehemaliger Meerestiere.

Über die geografische Lage, die Ausdehnung des Herznacher Eisenoolith-Vorkommens und der bei Erlinsbach zutage tretenden geo-

logisch gleich alten Schichten orientiert Figur 4. Das Vorkommen von Erlinsbach wird weiter unten besprochen.
Auf der Übersicht (Figur 4) sehen wir, dass dem Tafeljura südlich des Erzgebietes von Herznach-Wölflinswil von Süden her der Kettenjura aufgeschoben ist, dessen Nordrand von den schuppenförmig gehäuften Muschelkalkmassen der Burg, des Okert, des Strihen und der Rüdlen gebildet wird. Die als Ganzes etwa 4–5 Grad nach Süd-Südost geneigte Sedimentplatte des Tafeljura ist in ihrem südlichsten Teil von der nordwärts drängenden Masse des Kettenjuras in Falten gelegt worden. Diese sind landschaftlich gut erkennbar an den bewaldeten Rücken der Burg- und der Pfaffenhalde bei Densbüren, verschwinden nach Westen hin aber rasch unter dem Kettenjura.
Das dieser Tafeljura-Platte eingelagerte Erzflöz dehnt sich von Herznach in südwestlicher Richtung aus. Die seitliche östliche Begrenzung verläuft etwa 1 Kilometer östlich der Strasse Herznach–Ueken, wo das Flöz auskeilt. Westlich von Wölflinswil, ungefähr entlang der solothurnischen Kantonsgrenze, vermergelt es bei gleichzeitiger Verringerung des mittleren Eisengehalts auf 23%. Es gilt in diesem Bereich als nicht mehr abbauwürdig.
Im Norden ist die natürliche Grenze gegeben durch die zur Sisseln hin fliessenden Bäche des Gebiets, die sich tief in die Tafeljura-Platte eingefressen haben und sie in zahlreiche gelappte Teilplateaus auflösten. Dadurch erhielt auch der nördliche Erzausbiss eine vielgelappte Form.
Aufgrund von Bohrungen der Studiengesellschaft nahm man lange Zeit an, dass die südliche Begrenzung des Flözes durch einen fast geraden, im Süden von Herznach-Wölflinswil von Südwest nach Nordost verlaufenden Erosionsrand des einstigen Molassemeeres und eines aus Westen kommenden Molasseflusses des Aare-Donau-Systems gebildet werde (nach Amsler).
Neuere geophysikalische Untersuchungen haben jedoch gezeigt, dass die südliche Begrenzung der Lagerstätte weit komplizierter ist (Fig. 4). Sie verläuft nach diesen Erhebungen als zungenförmige Ausbuchtung etwa in der Mitte zwischen Herznach und Wölflinswil in südöstlicher Richtung unter hoher Überdeckung von Molassegesteinen (Juranagelfluh, rote Mergel).
Das Gebiet des Erzlagers ist, wie Figur 4 zeigt, von verschiedenen Verwerfungen und Brüchen gestört, die in nordsüdlicher Richtung zur Hauptachse verlaufen. In der Gegend von Wölflinswil ist ein Grabensystem feststellbar mit einem Versetzungsbetrag der einzelnen Ebenen zueinander von rund 100 Metern. Der Graben ist mindestens in zwei, vermutlich aber in mehrere versetzte Schollen aufgeteilt.
In der Umgebung von Herznach kann ebenfalls ein Bruchsystem

ausgemacht werden, das sich vor allem unter Tag im Bergwerk störend auf den Abbau auswirkte. Die Versetzungsbeträge der «Herznacher Störung» schwanken zwischen einigen Zentimetern und einigen Metern, erreichen aber nie das Ausmass des Wölflinswiler Grabens. Der grösste gemessene Wert für die Sprunghöhe im Herznacher System betrug 3,6 m.

Beobachtungen über die Mächtigkeit des Erzhorizonts hielt der Aargauer Geologe Alfred Amsler bei seinen Felduntersuchungen fest. Hans Fehlmann, Geschäftsführer der Studiengesellschaft für die Nutzbarmachung schweizerischer Erzlagerstätten, publizierte sie 1962.

Die grösste über ein zusammenhängendes Gebiet anhaltende mittlere Mächtigkeit erreicht der Erzhorizont im Abschnitt von Wölflinswil mit 5–6 m. Mächtigkeiten bis zu 7,35 m wurden bei den Fürberg-Höfen nördlich von Wölflinswil beobachtet. Von Wölflinswil in Richtung Herznach nimmt die Flözdicke allmählich ab. Östlich des Dachslengrabens liegt sie bei 3,5 m. Näher bei Herznach und nördlich davon beträgt sie um zwei Meter und darunter. Bei Willihof, etwa 800 m nordöstlich Herznach, misst das Flöz noch 1,28 m und reduziert sich in der Urgiz-Randfalte bis auf etwas über 1 m.

Die Zusammensetzung des Flözprofils ändert sich von Osten nach Westen. Im Raum Herznach wird die Erzschicht von zwei rotbraunen, durch eine dünne oolithische Kalkbank (die «Leitschicht» der Bergleute) getrennte Erzhorizonte gebildet, die als Obere und Untere Erzbank bezeichnet werden (Detailprofil Fig. 3). Knapp zwei Kilometer westlich von Herznach, aber noch östlich des Dachslengrabens, tritt über dem bisher einheitlichen Herznacher Flöz ein zweites auf. Dieses ist durch eine eisenarme, mergelige Zwischenschicht deutlich abgetrennt. Es wird als Wölflinswiler Flöz bezeichnet.

Während weiter nach Westen das untere Flöz sich zunächst ohne Mächtigkeitsänderung fortsetzt, nehmen Zwischenschicht und Oberes Flöz an Dicke zu. Westlich des Wölflinswiler Tales vermergeln beide Flöze und werden rasch dünner. Nordwestlich Kienberg beträgt die Mächtigkeit nur noch 0,25 m.

Der bereits erwähnte mutmassliche Erzvorrat von 50 Millionen Tonnen und die abbauwürdigen Vorräte von rund 28 Millionen Tonnen stützen sich auf die neusten von Bodmer 1978 veröffentlichten Zahlen über das gesamte allenfalls noch nutzbare Flözareal.

Der Erzkörper zwischen Herznach und Wölflinswil stellt also eine nicht zu unterschätzende Reserve dar von in Notzeiten wirtschaftlich interessantem Eisenerz.

Fricktaler Kornbergsandstein

Bogenförmige Tennstore, Türstürze, Treppenstufen und Fenstergesimse aus gelblichem Sandstein gehören zum typischen Erscheinungsbild der älteren Fricktaler Bauernhäuser. Auch ein grosser Teil der überall anzutreffenden Wegkreuze ist aus dem gleichen Material gefertigt: dem in früheren Jahren sehr begehrten Kornbergstein oder Kornbergsandstein, der aus Gesteinsschichten direkt unter dem Erzhorizont gebrochen wurde.
Besonders während des Baus der Bözbergbahn zu Beginn der siebziger Jahre des 19. Jahrhunderts wurde dieser Kornbergstein in verschiedenen Steinbrüchen auf Herznacher Gebiet gewonnen und als Baustein für die Bahnanlagen (Brücken, Mauern) verwendet. Die alten Steinbrüche auf dem Kornberg versorgten einst das ganze Fricktal und die angrenzenden Talschaften mit Haussteinen.

Sehr schön erhaltenes Fricktaler Bauernhaus mit Tür- und Fensterstürzen, Aufgangstreppe und Torbogen aus Kornbergsandstein.

Das Eisenerzlager von Erlinsbach

Obwohl das Eisenoolithvorkommen bei Erlinsbach nur im 14. und 15. Jahrhundert vorübergehend eine gewisse Bedeutung erlangt hatte, erwähnen wir diese Lagerstätte hier kurz.

Sie gehört dem gleichen geologischen Horizont und Alter an, wie das Erzvorkommen zwischen Herznach und Wölflinswil, steht aber mit diesem nicht in direkter Verbindung. Die Mächtigkeit der schlecht aufgeschlossenen Erzschicht beträgt nach Schürfungen der Studiengesellschaft etwa 1 Meter. Die von Alfred Amsler durchgeführten Felduntersuchungen erbrachten eine Oberfläche der heute noch unverritzten Flözfläche von 35 Hektar. Der mutmassliche Erzvorrat mit einem Eisengehalt von wenigstens 25% beträgt etwa 875 000 Tonnen. Davon liegen nach Angaben von Amsler rund 350 000 Tonnen über dem Grundwasserspiegel. Über die Ausdehnung des Erlinsbacher Erzlagers orientiert Figur 4. Bei drei von sechs Schürfungen stiess die Gräberequipe auf alte Tagebaue.

Bezüglich der Geschichte dieses Bergbaus bliebe noch anzufügen, dass die erste urkundliche Erwähnung der Erlinsbacher Gruben 1482 erfolgte. In einem Lehensbrief für die Eisen- und Hammerschmiede in Olten wird Oswald Kröpfli, Eisen- und Hammerschmied zu Basel, erlaubt, in den Herrschaften Bechburg und Gösgen nach Eisen zu schürfen und das nötige Holz zum «Köhlen» zu nehmen. Die Tatsache, dass Kröpfli auch die Erlinsbacher Gruben zu Lehen erhalten hatte, passte dem Johanniterorden in Biberstein nicht. Er besass in Erlinsbach grundherrliche Rechte. Doch Solothurn setzte sich durch: Am 5. Oktober 1484 erlaubte die Regierung einem Meister namens Zöiger, «in den Ysengrüben zuo Aerlispach zuo wercken und zuo graben». Für ungehinderte Ausbeutung hatte der Vogt auf Wartenfels besorgt zu sein. Nach einigen Querelen und verschiedenen Handwechseln gingen die Gruben 1486 schliesslich an den Vogt zu Wartenfels, der damit den Oltner Hammerschmied belehnte, welcher sie einige Jahre ausbeuten liess.

Die Nachrichten über den Erlinsbacher Bergbau versiegen zu Beginn des 16. Jahrhunderts; Gruben und Bläjen wurden wegen der schlechten Qualität des hergestellten Eisens aufgegeben. Im Jahr 1500 wollte der Basler Büchsenmacher Anthoni Lupenhofer «Stückkugeln» aus Erlinsbacher Eisen giessen. Das Unternehmen gelang nicht, weil das Eisen während des Gussvorgangs nicht flüssig und kompakt blieb und sich auch nicht reinigen liess.

Von 1550 an setzte die Gewinnung von Bohnerz am Hungerberg ein – der Eisenoolith der Erlinsbacher Egg und des Gugen geriet vollends in Vergessenheit.

Der Herznacher Bergbau

Das Eisenbergwerk Herznach

Die Lage der schweizerischen Eisenindustrie beim Ausbruch des Ersten Weltkrieges war kritisch und stellte die Landesregierung bezüglich der Rohstoffbeschaffung vor grosse Probleme. Besonders die Versorgung mit Stahl und Eisen war schwierig geworden. Die kriegführenden Staaten hatten selber Mühe, die schnell wachsenden Bedürfnisse danach zu befriedigen; Lieferungen an neutrale Länder wie die Schweiz wurden kontingentiert. Damit verbunden setzte eine massive Preissteigerung ein wie nie zuvor. Für Hämatit-Roheisen, das vor dem Krieg für 160 Franken pro Tonne erhältlich war, mussten in den Jahren 1918/19 rund 650 Franken pro Tonne bezahlt werden. Um überhaupt Rohstoffe zu erhalten, war unser Land gezwungen, besondere Handelsverträge abzuschliessen. Zudem wurden Rohstoffe, insbesondere Stahl, nur gegen Kompensation von Lebensmitteln abgegeben, an denen die Schweiz selber keinen Überfluss hatte.

Schon vor dem Ersten Weltkrieg führte unsere Industrie zwei Drittel des gesamten Eisenbedarfs aus deutschen Hüttenwerken ein. Die Schweiz war somit während des Krieges für die Rohstoffe Eisen und

Erinnerungen an den Herznacher Bergbau: Ammonit, Eisenbarren mit Aufschrift «Fricktal» aus Erz des Versuchsstollens, Karbid-Grubenlampe und Schutzhelm aus Leder.

Stahl auf das nördliche Nachbarland angewiesen. Gegen Kriegsende wurden die Eisenpreise zusätzlich durch deutsche Exportzuschläge verteuert. Vor dem Hintergrund dieser Tatsachen ist es verständlich, dass man sich in unserem Land rasch nach eigenen Rohstoffquellen umzusehen begann. Man wusste wenig über schweizerische Erzvorkommen und noch weniger über deren Verhüttungsmöglichkeiten. Bezüglich der Fricktaler Eisenoolithe schrieb Prof. C. Schmidt 1917 in den «Erläuterungen zur Karte der Fundorte von Mineralischen Rohstoffen in der Schweiz»: «Eisenreiche oolithische Schichten der Juraformation sind im Aargauer und im Berner Jura entwickelt. Im Fricktal des Aargauer Jura wurden bei Wölflinswil am Feuerberg Eisenoolithe des Oberen Dogger (Callovien) mit 20 Prozent Eisenoxydgehalt ausgebeutet. Bei Wölflinswil, Frick, Wittnau und Herznach wurden in den Jahren 1596 bis 1743 etwa 60 000 Tonnen Erz gewonnen, die in Laufenburg verhüttet wurden...» – Soweit Schmidts Ausführungen zum Erzlager von Wölflinswil. Von einer Erzgewinnung in Frick, Wittnau und Herznach kann keine Rede sein. Die genannten Orte gehörten lediglich zur mittelalterlichen «Ernzergemeinde». Das Herznacher Vorkommen sollte erst zwei Jahre später entdeckt werden. Weiter war die Lagerstätte auf der Wölflinswiler Seite seit mindestens 1207 bekannt und nicht erst seit 1569.

Das Fricktaler Erzvorkommen galt 1917 aufgrund dieser Information in massgeblichen Kreisen der Schweiz als nicht abbauwürdig.

Da kam, wie schon oft in derartigen Fällen, der Zufall zu Hilfe.

Mehr im Vorbeigehen entdeckt

1916 machte der Zürcher Ingenieur A. Trautweiler bei einem Vortrag in Baden unter dem Titel «Aargauische und schweizerische Eisenproduktion in Vergangenheit und Zukunft» seine Zuhörer darauf aufmerksam, dass die zwischen Herznach und Zurzach anstehenden Spatkalke des Oberen Dogger auf einer Länge von etwa 17 km und einer Breite von 1 bis 2 km auftreten und mit oolithischen Eisenerzkörnern durchsetzt sind. Eine Analyse, die der Referent vorlegte, nannte Eisengehalte dieses Gesteins von 10 bis 22%.

Trautweiler schloss nicht aus, dass die Spatkalke in einem schweizerischen Hüttenwerk, dessen Standort er in der Innerschweiz sah, und das in erster Linie von der Gesellschaft der Ludwig von Roll'schen Eisenwerke betrieben werden könnte, als Eisenerz aargauischer Herkunft neben Erzen vom Gonzen, dem Oberhasli und von Chamoson verhüttet werden könnten.

Trautweilers Vortrag, der noch im selben Jahr in der Schweizerischen

Hans Fehlmann (1882–1965).

Bauzeitung abgedruckt wurde, hat offenbar auf die führenden Gremien der mit der Rohstoffsuche beschäftigten eidgenössischen Stellen grossen Eindruck gemacht. Der Leiter des 1917 gegründeten Bergbaubüros, Ing. Hans Fehlmann, veranlasste jedenfalls eine Begehung dieser Spatkalkvorkommen zusammen mit Trautweiler, dem Aargauer Geologen Dr. Alfred Amsler und Ing. Wohlers vom Bergbaubüro. Diese Feldbegehung sollte darüber informieren, ob an einen Abbau der Spatkalke als Eisenerz gedacht werden könnte. Es wurden verschiedene Vorkommen besucht und Gesteinsproben geschlagen: in der Umgebung von Hornussen, bei Bözen, im «Sulzerloch», in der Umgebung von Büren bei Gansingen, am Rothberg südlich Mandach und am «Nasser Berg».

«Mehr im Vorbeigehen», schreibt Alfred Amsler in seinem Bericht an das Bergbaubüro über die Exkursion vom 4. und 5. Februar 1919, «wurden auch noch die früher in Wölflinswil und Herznach abgebauten eisenoolithischen Schichten besichtigt, die in dem verlassenen Steinbruch an der Ostseite des ‹Hübstel› (...) wenigstens noch in Blöcken und Brocken zu sehen waren.» Dass Amsler frühere Abbautätigkeit auch aus Herznach erwähnt, ist darauf zurückzuführen, dass er sich, wie er in seinem Bericht selber schreibt, auf den Text der bereits erwähnten Rohstoffkarte von Schmidt bezieht. Der erwähnte Steinbruch an der Ostseite des «Hübstel» war zur Gewinnung der unter dem Eisenoolith gelegenen Kornbergsandstein-Schichten angelegt worden. Aus diesem Grund waren von dem als Abraum beiseite geschafften Eisenerz noch «Blöcke und Brocken» vorhanden. Davon schlug Amsler Proben.

Die Überraschung war perfekt, als die Analysen ergaben, dass die eisenschüssigen Spatkalke Eisengehalte von 5 bis 18% aufwiesen, was an eine Ausbeutung nicht denken liess. Dagegen zeigten die Oolith-Proben vom Steinbruch «Hübstel» verhältnismässig hohe Eisengehalte von 20 bis 32%. Alfred Amsler und Hans Fehlmann war dank ihrer Hartnäckigkeit eine Entdeckung gelungen, die Fehlmann als Geschäftsleiter der am 31. Oktober 1918 anstelle des Bergbaubüros gegründeten «Studiengesellschaft für die Nutzbarmachung schweizerischer Erzlagerstätten» veranlasste, im Namen dieser Gesellschaft am 11. April 1919 ein Bergbau-Konzessionsgesuch an die Aargauer Regierung zu richten.

Der Grosse Rat des Kantons Aargau behandelte dieses Geschäft an seiner Sitzung vom 13. Oktober: Der Antrag der Regierung über die Erteilung der Bergbaukonzession für die Dauer von 60 Jahren wurde genehmigt, obwohl ein von der Regierung eingeholtes Gutachten besagte, «... dass wenig Aussicht bestehe, im Kanton Aargau durch Schürfungen und Grabungen eisenreiche Gesteine zu finden und

Alfred Amsler (1870–1940).

Bergbaukonzession des Kantons Aargau vom 13. Oktober 1919.

dass es infolgedessen überhaupt nicht möglich sei, eine Eisenindustrie mit nur aargauischen Materialien zu gründen». Der Gutachter kam zum Schluss, dass im Aargau als bauwürdiges Eisenerz nur das Bohnerz in Betracht komme, dessen Lager jedoch sehr klein seien, so dass eine rationelle Ausbeutung unmöglich erscheine.

Erste Schürfungen verlaufen erfolgreich

Inzwischen war die Studiengesellschaft aber nicht untätig geblieben. Trotz den nicht gerade rosigen Aussichten wurde Alfred Amsler mit der Feldabklärung der Lagerstätte betraut. Er untersuchte das Gebiet von Herznach-Wölflinswil mit der ihm eigenen Genauigkeit. Mit einer kleinen Mannschaft von einheimischen Bauarbeitern führte er eine grosse Anzahl von Schürfungen aus und brachte acht Bohrungen mit Tiefen bis zu 48 Meter nieder. Seine Feldarbeiten brachten den überraschenden Befund, dass sich das Erzlager bis zur solothurnischen Grenze erstreckte. Anhand von Schlitzproben, die bei den einzelnen Schurfen entnommen und die von der Studiengesellschaft analysiert wurden, konnte im Frühjahr 1920 ein mutmasslicher Erzvorrat von 23 Millionen Tonnen mit einem durchschnittlichen Eisengehalt von 28% nachgewiesen werden: den pessimistischen Voraussagen zum Trotz, ein beachtlicher Erfolg. Zur Abklärung des Erzlagers in bergbaulicher Hinsicht trieb man noch im gleichen Jahr an der Stelle, wo später der Bergwerks-Hauptstollen die Fortsetzung bilden sollte, einen Versuchsstollen von 30 m Länge in den Berg.

Unterdessen hatte die Studiengesellschaft mit der Solothurner Regierung Gespräche aufgenommen. Man vermutete, dass das Erzlager auch jenseits der solothurnischen Grenze abbauwürdig sei und verlangte deshalb im Sommer 1920 vom Kanton Solothurn eine Bergbaukonzession « ... bis an die Hauensteinlinie». Diese wurde am 20. Oktober 1920 erteilt. Fehlmann schrieb darüber 1943: «Die Untersuchungen ergaben jedoch, dass die Erze im Kanton Solothurn vermergeln und daher keinen genügenden Eisengehalt mehr besitzen und dass die Mächtigkeit des Lagers abnimmt. Die Studiengesellschaft verzichtete deshalb auf weitere Untersuchungsarbeiten in diesem Gebiet und liess die Konzession eingehen.»

Einen Vorteil hatten Amslers Schürfungen auf Solothurner Boden jedoch erbracht: Noch innerhalb der aargauischen Konzessionsgrenze bei Erlinsbach wurde eine südliche Fortsetzung oder jedenfalls ein geologisch gleich altes Erzflöz entdeckt und teilweise erschürft. Amsler hielt in seinem Bericht an die Studiengesellschaft vom März 1921 darüber fest: «Das studierte Eisenoolith-Gebiet von Erlinsbach liegt,

Bergbaukonzession des Kantons Solothurn vom 20. Oktober 1920.

1920 trieb man einen 30 Meter langen Versuchsstollen in den Berg, dort, wo später der Bergwerks-Hauptstollen die Fortsetzung bilden sollte.

im Gegensatz zum gleichaltrigen von Herznach-Wölflinswil, im Kettenjura, an dessen Südrand. Das bedeutet jenem gegenüber namentlich einen bedeutenden Unterschied in der Lage der Schichten. Sie liegen im allgemeinen steiler als dort, stellenweise sogar überkippt, tauchen zum Teil unter die Talsohle und sind in bestimmten Zonen mechanisch reduziert, beziehungsweise zerrissen oder durch Aufschiebung abgeschnitten.» Er vermerkte die Namen Erzbach, Erzberg und Erzloch auf Erlinsbacher Gebiet und gab in der Folge genaue Angaben über alte Abbaustellen, Mächtigkeit und Lage des ausbeutbaren Gebiets. Weiter nannte Amsler einen gesamten Erzvorrat von 910 000 Tonnen und schlug Schürfungen und Sondierungen vor zur besseren Abklärung der Verhältnisse.

Man verzichtete aber aufgrund der bereits vorliegenden Resultate auf eine bergwirtschaftlich weitere Erschliessung.

Die Studiengesellschaft für die Nutzbarmachung schweizerischer Erzlagerstätten

Die Studiengesellschaft begann ihre Tätigkeit 1918 damit, dass sie als Fortführung der Arbeiten des aufgegebenen Bergbaubüros die bedeutendsten der damals nur sehr ungenügend bekannten schweizerischen Eisenerzlagerstätten in geologischer und bergwirtschaftlicher Hinsicht untersuchte. Dieses Ziel wurde als wichtigste Priorität an der Gründungsversammlung vom 31. Oktober 1918 beschlossen.

Als Gründungsmitglieder unterzeichneten die folgenden Behörden und Firmen die Statuten:

Eidgenössisches Volkswirtschaftsdepartement, Bern
S.A. des Ateliers Piccard, Pictet & Co., Genf
Gesellschaft der L. von Roll'schen Eisenwerke, Gerlafingen
Gebrüder Sulzer AG., Winterthur
AG. der von Moos'schen Eisenwerke, Luzern
Oehler & Co. AG. Eisen- und Stahlwerke, Aarau
R. Zurlinden, Fabrikant, Aarau

Die Leitung der Gesellschaft ging interimistisch an das Bergbau-Büro und wurde nach dessen Auflösung Ing. Hans Fehlmann übertragen. Dieser führte die Geschäfte der Studiengesellschaft mit unermüdlichem Einsatz bis zu seinem Rücktritt am 31. März 1957.
Von diesem Zeitpunkt an lag die Geschäftsleitung der Studiengesellschaft, die ab ca. 1960 unter dem Namen «Studiengesellschaft für die Nutzbarmachung Schweizerischer Lagerstätten Mineralischer Rohstoffe» fungierte, in den Händen von Prof. Dr. E. Niggli, Bern.
Als zweites und ebenso wichtiges Vorhaben hatte die Gesellschaft unter der Leitung von Ing. Fehlmann das Studium der Verhüttung dieser Erze im elektrischen Ofen in technischer und wirtschaftlicher Beziehung vorzunehmen. Bezüglich des Fricktals waren die bergwirtschaftlichen Abklärungen schon recht weit fortgeschritten. Jetzt galt es, das zweite Problem, die Verhüttung der bisher gefundenen Erze in Angriff zu nehmen.

Verhüttungsversuche mit Fricktaler Erzen

Technische, wirtschaftliche und politische Probleme hatte die Studiengesellschaft in den folgenden Jahren noch und noch zu bewältigen. Die ersten Verhüttungsversuche mit den mühsam nach Bex transportierten Erzen misslangen gründlich – eine Folge der fehlenden Erfahrung aller Beteiligten. Man sann auf Abhilfe und nahm mit schwedischen Industriekreisen Kontakt auf, wohl wissend, dass in diesem Land eine hochentwickelte Eisentechnologie für die Lösung der schweizerischen Probleme beigezogen werden konnte.
In einem Bericht über die Aktivitäten der Gesellschaft in dieser Sache heisst es: «Noch im Herbst 1919 wurde eine Delegation der Studiengesellschaft und des Gonzen-Syndikats (...) nach Schweden geschickt, um sich über den dortigen Stand der Verhüttung von Eisenerzen im elektrischen Ofen zu orientieren. Die Ergebnisse dieser Stu-

dienreise sind in einem umfangreichen Bericht zusammengestellt. Die Kommission kommt darin zum Schluss, dass für die Verhüttung der Schweizer Erze ausschliesslich der Grönwall-Ofen in Betracht komme.»

Mit dem Ziel, eine eigene Ausbeutungs- und Verhüttungsgesellschaft zu gründen, erwarben die Gründerfirmen die «Elektrochemischen Werke Laufen» in Laufenburg.

Fehlmann schrieb 1962 rückblickend dazu: «Massgebend für den vorzeitigen Ankauf der Laufenwerke war neben ihrer günstigen Lage hauptsächlich der Stromlieferungsvertrag mit dem Kraftwerk Laufenburg, der die notwendige Energie, die damals schwer erhältlich war, zu verhältnismässig günstigen Bedingungen sicherstellte.»

Die Schürfarbeiten im Fricktal hatten bestätigt, dass der Erzvorrat für den Betrieb einer Hochofenanlage genügen würde.

Die Bemühungen um eine eigene Verhüttungsanlage standen aber unter einem schlechten (politischen) Stern; der Nationalrat verweigerte sein Einverständnis und der recht ansehnliche Bundesbeitrag entfiel. Die Folgen beschrieb Fehlmann 1962: «Die beteiligten Firmen verloren (...) eine Summe von beinahe drei Millionen Franken. So endete der auf Initiative der Industrie unternommene erste Versuch, die schweizerischen Eisenerze im elektrischen Ofen zu verhütten, mit einem kläglichen Misserfolg.»

Knappe 20 Jahre später unternahm die Studiengesellschaft nochmals einen Vorstoss zur Abklärung der Verhüttungsfrage. «Erst durch eine eigene Verhüttung», wurde argumentiert, «könne man die Fricktaler Erze der schweizerischen Volkswirtschaft vollwertig nutzbar machen.»

Nachdem die Studiengesellschaft am 25. Juni 1937 dem Eidgenössischen Volkswirtschaftsdepartement das Arbeitsprogramm mit Kostenzusammenstellung für die Untersuchungsarbeiten unterbreitete, wurde aus Arbeitsbeschaffungsmitteln ein Beitrag von Fr. 250 000.– gesprochen mit der Auflage, dass sich auch die an einer Verhüttung interessierten Industriekreise finanziell beteiligten. Die Versuchsarbeiten der neugegründeten «Gesellschaft für Verhüttungsversuche» im Werk «Burgholz» der Berner Elektrochemischen Werke AG erfolgten in einem offenen Niederschachtofen von 3000 kW mit Fricktaler und Gonzenerzen.

Als Schlussfolgerung der Studien fasste Geschäftsleiter Fehlmann 1962 zusammen: «Die Verhüttungsversuche im Werk ‹Burgholz› haben nicht nur die technischen Probleme der Roheisenerzeugung aus Fricktaler und Gonzenerzen im elektrischen Ofen gelöst, sondern auch genügend Anhaltspunkte gegeben, um die Wirtschaftlichkeit eines schweizerischen Roheisenwerkes beurteilen zu können.»

Ein Projekt mit Kostenvoranschlag für die Erstellung eines schweizerischen Hüttenwerkes liess die Studiengesellschaft durch die deutsche Gutehoffnungshütte bis im Mai 1939 ausarbeiten. Als Erzbasis diente die Fricktaler Lagerstätte; vorgesehen war eine jährliche Roheisenproduktion von 100 000 Tonnen bei einer Gesamtinvestition (Stand Sommer 1939) von 25 bis 30 Millionen Franken.

Damit hatte die Studiengesellschaft auch die weiteren statutarisch festgehaltenen Ziele, die Abklärung technischer und wirtschaftlicher Fragen im Zusammenhang mit der Verhüttung der schweizerischen Eisenerze, erreicht. Als Quintessenz ihrer Erfahrungen notierte Geschäftsleiter Fehlmann 1962:

«Die Schweiz ist also heute dank der Versuche der Studiengesellschaft in der Lage, Eisen aus eigenen Erzen und eigenen Kohlen im elektrischen Ofen zu erzeugen, sofern wirtschaftliche Erwägungen nicht ausschlaggebend sind.»

Weniger erfolgreich bezüglich einer Verhüttung verliefen die Bemühungen der ab 1940 für das Bergwerk verantwortlichen Jura-Bergwerke AG. Der Grosse Rat hatte der Gründung der Gesellschaft in seinem Beschluss vom 23. November 1940 zugestimmt, aber u. a. den folgenden Vorbehalt gemacht: «Die Gesellschaft hat die Möglichkeiten der Verhüttung der Erze in der Schweiz, vorab im Aargau und im Fricktal, weiter ernsthaft zu prüfen und zu fördern.»

Mit ansehnlichen Landkäufen 1948 in Sisseln im Hinblick auf eine spätere Verhüttungsanlage und einem umfangreichen Gutachten über die ganze Problematik haben die Verantwortlichen der Jura-Bergwerke AG auch dieses Projekt vorbereitet und gründlich studiert. Es musste aber aus wirtschaftlichen Gründen schliesslich fallengelassen und abgeschrieben werden.

Durchstich unter dem «Hübstel»

Obwohl der Studiengesellschaft mittlerweilen die finanziellen Mittel fast ausgegangen waren, konnten mit Arbeitsbeschaffungsgeldern am 4. November 1935 die neuen Untersuchungen des Erzlagers in Angriff genommen werden. Wiederum unter der Leitung von Alfred Amsler wurden weitere 81 Schlitze und Schürfschächte am Ausgehenden oder in Bereichen geringer Überlagerung mit einer Gesamttiefe von 480 m ausgeführt und 14 Kernbohrungen mit einer Gesamttiefe von 960 m niedergebracht. Diese Bohrungen und 42 der Sondierschürfungen brachten einwandfreie Ergebnisse über die Ausbildung der Lagerstätte. Der Abstand der einzelnen Bohr- und Schürfpunkte untereinander betrug 200–600 m bei Einzelteufen von 5–100 m. Die-

Durchstich unter dem Hübstel 1935: Robert Meier-Leimgruber, Herznach (links), und der Walliser Mineur und spätere Steiger Vitus Schmid.

ser Punktabstand erschien auch einem späteren Gutachter als ausreichend für eine sedimentäre Lagerstätte. Einige Resultate mit bergbaugeschichtlichem Bezug aus Amslers Untersuchungen erwähnten wir bereits auf Seite 21 ff.

Den schon 1920 begonnenen 30 m langen Versuchsstollen trieb man bis zum Durchstich auf der Nordseite des Hübstel vor und stiess allenthalben auf günstige Abbauverhältnisse. Nach eingehenden Kostenrechnungen, grundbuchamtlichen Vermessungen und anderen notwendigen Vorbereitungsarbeiten konnte man zu Beginn des Jahres 1937 mit den eigentlichen Abbauarbeiten beginnen.

Vorerst unternahm man Abbauversuche mit deutschen Bergleuten und einer Schrämmaschine, ging dann später auf die Verwendung von elektrischen Bohrmaschinen («Schlangenbohrer») über.

Ein Besuch in der Herznacher Mine

Schon kurz nach der Aufnahme des Versuchsabbaus erschien am 3. März 1937 in der «Neuen Zürcher Zeitung» die ausführliche Schilderung eines Besuchs in den Stollenanlagen, die wir hier wiedergeben:

«Vom Dorf Herznach führt ein holpriger Weg ein paar hundert Meter weit zum Bergwerk, von dem zunächst eine imponierende Halde schokoladebraunen Gesteins sichtbar wird, auf der einige Männer

Behelfsmässige Holzbaracke für die Herznacher Bergwerksarbeiter, ca. 1937.

mit Schaufeln und Hacken beschäftigt sind. Was sie dort oben treiben, kann der Beschauer aus der Froschperspektive nicht erkennen, er verständigt sich durch Zuruf mit dem Vorarbeiter, den er unter der Schar weiss.

In der Bretterbude, die ein notdürftiger Empfangsraum ist, erklärt man Sinn und Zweck des Besuchs. Der Vorarbeiter ist ein Mann der Praxis – zwei Jahrzehnte hat er in deutschen Kohlenbergwerken gearbeitet, im Ruhrrevier und im oberbayrischen Braunkohlenrevier – und ist vor fünf Jahren in die Schweizer Heimat zurückgekehrt.

Er ist kein Freund theoretischer Belehrung, reicht uns einen alten Mantel, drückt uns die Grubenlaterne in die Hand und dann marschieren wir gemeinsam zum sogenannten Südportal des Stollens, dessen Vergitterung sich erst abnehmen lässt, nachdem ein Schlüssel sich ächzend im Schloss gedreht hat. Eine angenehme Temperatur schlägt uns, die wir durchfroren die Höhle betreten, entgegen. Es ist, als ob man in einen geheizten Keller gelange – die Erde gibt ihre Wärme her.

2,2 Meter hoch ist der Stollen am Anfang, zur Mitte hin vermindert sich die Höhe um etwa 30 Zentimeter. Ist man kein Riese von Wuchs, kann man bequem den unterirdischen Gang durchmessen, dessen Wände mit Zement und Feinsand bespritzt sind, womit freilich nicht eine dekorative Wirkung beabsichtigt ist, sondern erreicht wird, dass in der Hitze des Sommers das Erz nicht schwitzt und sich löst, sondern gleichsam luftdicht abgeschlossen ist.
Zur Rechten des Stollens begleiten uns drei Rohre ein Stück des Weges: ein dickeres, das der Ventilation, ein dünneres, das der Kompression dient und ein ganz schlankes, welches das Kabel für die elektrische Bohrmaschine birgt. Nach 30 Metern zeigt ein hölzernes Gitter die Stelle an, wo 1920 der Vortrieb (des Versuchsstollens, d. A.) ein Ende fand, wo also die eigentliche Neuarbeit einsetzte.
Der ebene Boden, auf dem wir gehen, ist schlüpfrig, zeitweise liegen zwischen den Schmalspurschienen für die Rollwagen Bretter, auf dass der Fuss nicht einsinke: der Graben, der sich längs des Stollens entlangzieht, nimmt nur einen Teil des Wassers, das aus dem Berg sickert auf. Aber dennoch ist es nicht feucht dort unten, und es erweist sich als ein Vorteil, dass sie den Stollen durch den ganzen Berg gestochen haben: man hat Durchzug, von beiden Seiten strömt frische Luft ein.
Der Spaziergang durch den Stollen hat nicht nur dadurch den Reiz des Ungewöhnlichen, dass wir uns unter dem Gipfel der Anhöhe, etwa 60 Meter unter der Erdoberfläche befinden, nicht nur durch die magische Beleuchtung, die das flackernde Karbidlichtlein der Lampe verbreitet, sondern durch manche Seltsamkeiten, die wir im Vorüberschreiten entdecken. Da sind in gewissen Abständen Schlitze in den Wänden, aus denen Proben zur Analyse der Erze entnommen wurden, dann finden wir eingezogene Tücher, die beim Sprengen gespannt werden, um die Bewetterung zu regulieren. Wir lernen den Ausbau kennen mit der sogenannten Türstockzimmerung in Trapezform, derart, dass Schrägpfeiler aus Tannenholz den Stollen stützen. Gelangt man endlich zum Nordportal, vergisst der Laie für Minuten alles, was seine Neugier im Erdinnern entfacht hatte: Unter uns liegt das Fricktal, schneebedeckt, überglänzt von der Sonne, die den Wolkendunst durchbrach. Über uns wölbt sich ein Dom himmelwärts stehender Tannen, deren Stämme vom Rauhreif versilbert sind. Wieland war es, der einmal schrieb, die Stimme der Natur lasse sich nicht überschreien...
Wir kehren in den Berg zurück und biegen in einen der beiden Seitengänge ein, die wir auf dem Hinweg rechts liegen liessen. Es sind die zwei Abbaustrecken, zwischen denen in einer Breite von 60 Metern das sogenannte Aufhauen liegt, jenes Stück des Bergwerks, in

Vorbereiten der Sprengung mit elektrischem Spiralbohrer (ab 1937).

dem der eigentliche Abbau vor sich geht. Und wenn wir kurz zuvor das Wunder der Natur in der lebendigen Landschaft erlebten, jetzt erleben wir es in ihrer Hinterlassenschaft aus grauer Vorzeit. Ein gewaltiger Ammonit, eine der Riesenschnecken des Juras (in Wirklichkeit waren es keine Schnecken, sondern Tintenfische, d. A.), da wasserlebende Saurier die Meere bevölkerten, hängt in einem Durchmesser von 70 Zentimetern in gespenstiger Versteinerung über uns, in seiner Vollkommenheit ein Prachtsstück für jedes Museum.

Und da sind wir ‹vor Ort›: Vor uns brechen die Arbeiter im Schein ihrer Lampen, am Tag unseres Besuches waren nur sechs beschäftigt, da der Abbauversuch in dieser Kaverne sich dem Ende näherte, das gelockerte Gestein auseinander. Dreifach waren die Methoden, derer man sich beim ‹Schiessen› (Sprengen) zuvor bedient hatte. Teils stellte man Versuche mit flüssigem Sauerstoff an, ein Verfahren, das sich

nicht nur als gut, sondern auch als billig erwiesen hatte, teils sprengte man auf althergebrachte Art mit dem Dynamit ‹Altdorfit› (später ‹Simplonit›, d. A.), nur dass man die Bohrlöcher nicht durch Luftdruckhämmer, sondern durch elektrische Bohrmaschinen anlegte, deren Kabelleitungen wir beim Eintritt in den Stollen bemerkt hatten. Zum Dritten liess man die Sprengung durch eine Schrämmaschine vorbereiten, die man aus Deutschland geliehen hatte, und deren Transport in den Berg, angesichts des Dreitonnengewichts, nicht ganz einfach gewesen sein mag.

Die Schrämmaschine selbst war am Tage unseres Besuchs bereits wieder samt ihrem Bedienungspersonal ins Herkunftsland zurückgekehrt, wir mussten uns also damit begnügen, die Spuren zu besichtigen und uns ihre Arbeitsweise erklären zu lassen.

Die Maschine, die auf dem Boden – ‹auf dem Liegenden›, wie es in

Abbauversuch 1937 mit einer Schrämmaschine, die einen 1,70 Meter tiefen und 12 Zentimeter hohen Schlitz ins Erz fräste.

der Sprache des Bergmanns heisst – stand, unterhöhlte das Gestein durch einen Schlitz (Schram) mit ihrem beweglichen Arm, der sich fräsend 1,70 Meter tief in das Gestein frisst. Das Schiessen wird dadurch nicht nur wesentlich erleichtert, die benötigten Sprengstoffmengen sind auch bedeutend geringer. Die Spuren, die die Maschine hinterliess, rechtfertigen es, dass die Arbeiter das Schrämen kurzerhand als Sägen bezeichnen. Es ist in der Tat so, dass aus dem Gestein ein Schlitz von 12 Zentimetern Höhe herausgesägt worden ist. Schrämung und elektrische Bohrung – der Schalter für die Bohrmaschine ist auf einem Holzpfahl nahe dem Aufhauen angebracht – haben sich offenbar beide bewährt und bieten eine Garantie für niedrige Abbaukosten.

Um das gewonnene Erz vor Ort fortzuschaffen, ist auch bei dem Versuchsabbau eine Anlage geschaffen worden, die der eines grossen Bergwerks entspricht. Die Rollwagen, in manchen Ländern romantisch ‹Grubenhunde› genannt, fahren durch einen Stollen leer ein, biegen in eine der Abbaustrecken, werden im Aufhauen beladen und fahren mit ihrer Fracht über die zweite Abbaustrecke zum Ausgang zurück. Die Entladung geschieht auf der Halde; eine Rutsche steht schon bereit, um den Transport auf die Lastautos zu erleichtern.»

Soweit der Bericht des Besuchers, der die Bergwerksanlage zur Zeit der Abbauversuche 1937 besichtigt hatte.

Es bliebe eigentlich lediglich nachzutragen, dass die Schrämung dann aufgrund der unterschiedlichen Gesteinsbeschaffenheit doch nicht eingesetzt wurde und man im Aufhauen praktisch ausschliesslich mit dem elektrischen Spiralbohrer arbeitete, um die Sprenglöcher vorzubereiten.

Wie sich einige Jahre später zeigen sollte, hatte die Verwendung dieser Bohrtechnik, bei der kaum Staubentwicklung auftrat, ausserdem einen weiteren Vorteil.

Am 1. Januar 1945 trat ein Bundesratsbeschluss über die Bekämpfung der Quarzstaublunge (Silikose) im Tunnel-, Stollen- und Bergbau in Kraft. Diesem unterstellt waren alle Bergbaubetriebe, in denen Gestein von mehr als 10% Quarzgehalt abgebaut wurde. «Da unsere Erze einen mittleren Silikat-Gehalt von 15% besitzen, gelten die Bestimmungen zur Verhütung der Silikose auch für unseren Bergbaubetrieb», heisst es im Jahresbericht der Jura-Bergwerke AG 1944. Die Tauglichkeit der Arbeiter wurde von einer ärztlichen Untersuchung mit Röntgenbefund abhängig gemacht. Die Untersuchungskosten hatte der Betrieb zu übernehmen.

Die überaus günstigen Ergebnisse beim Versuchsabbau bewogen die Studiengesellschaft, allen voran deren Geschäftsleiter, Hans Fehlmann, mit dem Abbau fortzufahren. Denn – unübersehbar waren die

drohenden politischen Wolken aus dem Norden, aber auch die grossen Vorteile, die der Schweiz durch die Ausfuhr der Erze nach Deutschland entstanden. Die kompensatorischen Importe von Hämatitroheisen waren der schweizerischen Maschinenindustrie besonders im Jahre 1937 von grossem Nutzen.
Bereits zeigten sich gewisse Schwierigkeiten in der Beschaffung von Rohmaterialien, und die von der Kriegstechnischen Abteilung des Eidgenössischen Militärdepartementes benötigten Ersatzteile und Neuanschaffungen waren nur in Kompensation mit Eisenerz geliefert worden.
Ausserdem hatte 1935 in Süddeutschland im grosen Stil der Abbau oolithischer Doggererze des gleichen stratigrafischen Horizontes in den beiden Bergwerken «Stoberg» (Nordwerk) und «Zollhaus» (Südwerk) in den Gemarkungen der Gemeinde Blumberg an der Schweizer Landesgrenze eingesetzt.
In Herznach wurde 1938 die Förderung auf 44 000 Tonnen gesteigert und wiederum, wie in den nachfolgenden Jahren, nach Dortmund in die Ruhrwerke exportiert. Diese Ausfuhr war dank einer Ausnahmebewilligung der Aargauer Regierung möglich.
Aus den Verkaufserlösen konnten Rollmaterial und andere für den Bergbaubetrieb notwendige Einrichtungen angeschafft werden.
Das Bergwerk war durch den Kompensationswert des Erzes nicht nur für die gesamte schweizerische Wirtschaft und letztlich die Landesverteidigung von grosser Bedeutung, sondern schuf im Oberen Fricktal willkommene Verdienstmöglichkeiten.
31 Arbeitsplätze waren zu Beginn des Versuchsabbaus zu besetzen, 1939 wurden bereits 70 Arbeiter benötigt. In diesem Jahr betrug die Menge an gefördertem Erz 72 872 Tonnen, und dies trotz zweimonatiger Betriebseinstellung durch die Generalmobilmachung.
1940 wurden noch einmal 10 Arbeiter mehr eingestellt und im Schnitt pro Tag fast 400 Tonnen Erz gefördert, eine ansehnliche Leistung, wenn man bedenkt, dass die vor Ort gesprengten Blöcke zuerst mit dem Schlegel zerkleinert, von Hand aufgeladen und erst dann zu Tage gefördert wurden.
Damit hatte die Studiengesellschaft den Beweis der Abbauwürdigkeit der Herznacher Lagerstätte erbracht, wie er als eine der Aufgaben in den Statuten festgeschrieben war. Es war an der Zeit, an eine Betriebsgesellschaft zur Fortführung des Abbaus zu denken.

Die Jurabergwerke AG übernimmt den Betrieb

De facto ging die Bergwerksanlage am 1. August 1940 an eine neugegründete Betriebsgesellschaft, die «Jura-Bergwerke AG.» (JBW), mit Sitz in Frick über; die konstituierende Generalversammlung der neuen Gesellschaft fand am 14. März 1941 statt. Die Publikation der neuen Gesellschaft erfolgte im Handelsamtsblatt, Nr. 93 vom 23. April 1941.

Das Aktienkapital betrug 1 Million Franken, wovon laut Handelsregistereintrag aber nur die Hälfte einbezahlt worden war. Gründungsmitglieder waren wiederum wie bei der Studiengesellschaft vorwiegend bedeutende Firmen der schweizerischen Stahlindustrie: Ludwig von Roll'sche Eisenwerke AG (40%), Gebr. Sulzer AG (20%), AG der Eisen- und Stahlwerke (+GF+, 20%), Von Moos'sche Eisenwerke AG (10%) und Portland Cement Würenlingen-Siggenthal AG (10%).

Der Regierungsrat des Kantons Aargau stellte dem Grossen Rat am 14. Juni 1940 den Antrag, die Bergbaukonzession an die neue Gesellschaft zu übertragen. Das Geschäft wurde vom Parlament in seiner Sitzung vom 23. November 1940 gutgeheissen. Die einschränkende Verpflichtung, wonach die Erze nur im Kanton Aargau verhüttet werden durften, wurde in eine Empfehlung umformuliert.

Aktie Nr. 001 der «Jura-Bergwerke A.-G. Frick», im Nennwert von Fr. 10 000.–, datiert vom 14. März 1941.

Abbau, Transporteinrichtungen und Abnehmer

Unterdessen lief die Förderung des kriegswirtschaftlich wichtigen Rohstoffs im Bergwerk auf Hochtouren. Der seit März 1938 von Bergingenieur Adolf Frei, Frick, geleitete Betrieb arbeitete in den ersten Kriegsjahren mit einer Belegschaft von 139 Beschäftigten (1941) im Dreischichtenbetrieb praktisch rund um die Uhr, was auch in den Förderzahlen (Tabelle Seite 85) zum Ausdruck kommt.
Über das bergbauliche Geschehen unter dem «Hübstel» berichtete Frei am 16. April 1940 in der NZZ:
«Seit Beginn der Arbeiten unter Tag vor vier Jahren baute man das Erzflöz unter dem (...) ‹Hübstel› in einer Gesamtstrecke von rund 6000 m ab:

1. In drei Hauptstrecken
2. Im Kammerbau
3. Im Wanderpfeilerbau

Die Hauptstrecken I, II, und III (Bergwerksplan Seite 100) zweigen mit schwacher Steigung, anfänglich paralleler Führung und einem Abstand von je 60 m beinahe rechtwinklig vom 375 m langen (...) Hauptstollen ostwärts ab. Während die mittlere, 700 m lange Strek-

Dieses Bild einer Abbaukaverne zeigte man dem Schweizer Volk an der Landesausstellung 1939 in Zürich.

Die «vor Ort» gesprengten Erzbrocken werden mit dem Schlegel zerkleinert (1937).

Bis 1943 verlud man das zerkleinerte Erz von Hand auf die bereitstehenden Rollwagen.

ke II ziemlich gerade verläuft und durch einen Schachtaufgang über Tag kommt, vereinigt sich die südliche, über 800 m lange Strecke I durch ein 5 m breites Aufhauen der Erzader einer grossen Verwerfung entlang mit Strecke II. Die nördliche 500 m lange Strecke III ist noch nicht vollendet. Neben den Hauptstrecken, die in der Weite und in der Abstützung der Anlage des Hauptstollens entsprechen, trieb man in einer Entfernung von je 15 m die Parallelstrecken Ia, IIa und IIIa vor, die nur 2 m breit sind und in Abständen von 100 m durch Querstollen mit den Hauptstrecken verbunden wurden. Die Rollwagen fahren leer in die Hauptstrecken ein, nehmen ‹vor Ort› das abgebaute Erz auf und fördern es auf dem gleichen Weg über Tag. Die Parallelstrecken hat man eigens für die Wanderpfeiler-Abbaumethode angelegt. Sie erfüllen den doppelten Zweck der Sicherheit und der Materialzufuhr. Der 5 Tonnen schwere ‹Landi-Stein›, der in der Abteilung ‹Eisen, Metalle und Maschinen› der Landesausstellung 1939 zu sehen war, stammte aus der Parallelstrecke Ia. Die Haupt- und Parallelstrecken liegen von 22 bis zu 60 m tief unter der Erde.

Der Abbau der Erzschicht geschah bis in diesen Winter hinein in Kammern durch den sogenannten ‹Aufhau›. Das Flöz zwischen den Hauptstrecken und den Strecken I und IIa, II und IIIa, wurde paral-

Ab 1943 setzte man in den Stollen diesen druckluftbetriebenen Schaufellader ein.

lel zum Hauptstollen und in der Art eines Rostes mit 4,5 m, teilweise sogar 8 m breiten Querstollen, den Kammern, durchzogen. Nach dem Ausräumen hat man diese mit Steinen oder ‹Knollen› nachgefüllt und nach aussen mit Steinkästen versperrt. Der Kammerbau erlaubte nicht das Ausbeuten der ganzen Erzader; stets mussten gleich breite Sicherheitspfeiler stehen bleiben. Die Leitung des Bergwerks ging daher in jüngster Zeit im Endwinkel der Hauptstrecken I und II zum wirtschaftlicheren Wanderpfeilerbau über, der erst im letzten Jahrzehnt in Europa eingeführt worden ist und die Verwertung des ganzen Flözes ermöglicht.

Man baut das Erz in gerader breiter Front zwischen den beiden Strecken ab, setzt die Wanderpfeiler entsprechend vor und lässt das alte Feld einstürzen. Dem grossen Druck des Berges, der mit 400 und mehr Kilogramm auf den Holzstempeln lastet, begegnet man mit dem Aufstellen viereckiger Kästen. Diese bestehen aus 1–1,5 m langen Eisenbahnschienenstücken, die viel widerstandsfähiger sind als die Stempel und die im Geviert aufeinandergesetzt und gegen das Hangende mit Eichenholzstücken verkeilt werden. Der Abbau geschieht auf der Vortriebsseite der zur Erhöhung der Widerstandskraft schnurgerade ausgerichteten Wanderpfeiler. Dann verrückt man diese um eine Abbaufeldbreite von 3,5 m, und der Arbeitsvorgang wiederholt sich. Der Wanderpfeilerbau verlangt vom Bergmann besondere Vorsicht. Der Druck lässt sich der vielseitigen Bewegung des Hangenden wegen nicht berechnen; die Kontrolle darf daher nie aussetzen. Aber der Berg ist tückisch und kann an brüchigen Stellen lebendig werden. Riesige Kräfte befreien sich, pressen in wenigen Stunden die 20 cm dicken Keile in der Mitte auf 2 cm zusammen, als wären sie Schwämme. Die Stempel fasern sich der Länge nach auf, zerspringen. Die Schienenstücke verbiegen sich und bersten.

Der Besucher, der in den ‹Streb›, so nennt der Bergmann den Ort des Wanderpfeilerabbaus, vorgedrungen ist, und inzwischen den Sinn seiner aus Helm, Gummischuhen, Regenmantel und Karbidlampe bestehenden Ausrüstung längst erraten hat, betrachtet das langsame Fortschreiten der Zerstörung mit Grauen. Der hellhörige Bergmann dagegen erkennt sie an einem leisen Rieseln und Bröckeln. Hier – vor Ort – brennen sogar Glühlampen, und etwas weiter vorne legen Mineure ihre elektrisch betriebenen Schlangenbohrer bereit.

Die Bergleute kennen die Schrullen des Felsens und wissen, was sie wagen dürfen. Sie beseitigen die Gefahr des Überdruckes, indem sie die überhängenden Schichten nach Beendigung des Abbaus abschiessen (wegsprengen, d. A.) (...)

Welche Kräfte die Erde formten, zeigt die Verwerfung, die das Ostfeld des Flözes unter dem Hübstel in nordsüdlicher Richtung durch-

Bruchbau im alten Stollensystem unter dem Hübstel.

Aufhau. Bremsberg-Förderung. Rechts ist das Bewetterungsrohr zu sehen.

schneidet. In scharfem Übergang wechselt die Erzader auf dem gleichen Niveau in graue eisenfreie Mergelschichten des ‹Birmenstorfer Horizontes›, der untersten Malmepoche der geologischen Erdgeschichte.
Jenseits der Verwerfung, die wohl einst eine riesige Erdbebenkatastrophe verursachte, ist die Erzschicht um 1,8 m abgesunken. Wegen dieser Verwerfung, die man auf die Druckvorgänge im Erdinnern während der grossen Alpenfaltung im Tertiär zurückführen muss, konnte man die Förderstrecken im Erzflöz nicht unmittelbar ostwärts weiter vortreiben, um noch über Tag zu kommen. Das Abbaufeld wurde daher bei dieser Verwerfungslinie abgeschlossen.»
Soweit Adolf Freis eindrückliche Schilderungen, die insofern einer Korrektur bedürfen, als noch im selben Jahr der Wanderpfeilerbau wegen des grossen herrschenden Bergdrucks (trotz Überlagerung von rund 30 m) aufgegeben werden musste. Ausserdem waren Schrottschienen zu Kriegsbeginn nicht mehr erhältlich.
An seine Stelle trat der schwebende Pfeilerrückbau mit «Zubruchwerfen» des Hangenden. Hier wurden, wie Frei bereits angetönt hatte, im schwebenden Abstand von 100 m streichende Vorrichtungsstrecken aufgefahren. Zwischen diesen trieb man 4 m breite Aufhaue vor, im Abstand von ebenfalls 4 m, und gewann die stehengebliebenen Pfeiler im Rückbau – räumte das Flöz somit ganz aus. Diese Technik wurde dann im ganzen «Alten System» beibehalten, um so mehr, als sich auch die Abbauverluste von früher etwa 10% beim Pfeilerrückbau nur unwesentlich auf 15% erhöhten. Durch planmässiges Abschiessen des Hangenden gelang eine Erzgewinnung ohne Beeinträchtigung durch zu starke Gebirgsdruckbewegungen. Sogar bei geringeren Überlagerungen (20–25 m) gelang 1952/53 die Erzgewinnung im östlichen Teil des Systems ohne Schwierigkeiten.
Im Aufhauen waren in der Regel drei Arbeiter vor Ort beschäftigt, im Rückbau vier. Bis 1957 hatte sich dieses System, bei dem die abgebaute Fläche je nach Druckverhältnissen später ebenfalls in sich zusammenstürzte, bewährt.
Ein Nachteil, der sich erst Jahrzehnte später in seiner vollen Tragweite auszuwirken begann, hatten beide Methoden des Bruchbaus: Durch unterirdischen Einsturz mit teilweise bis an die Oberfläche reichenden Nachstürzen machten sich lokal zum Teil Senkungen als Flurschäden bemerkbar. Betroffen war vor allem Wald und landwirtschaftlich genutztes Land, praktisch nie die Bauzone. Doch hatten gesamthaft gesehen auch diese Bergschäden für die Bauern der Bergwerksregion nie grosse Nachteile gebracht.
Der Pfeilerrückbau hatte verschiedene Vorteile. «Vor allem», wie Fehlmann 1962 schrieb, «weil (das Verfahren) beliebig viele Angriffs-

punkte bot und sich aufgrund seiner Einfachheit auch sehr gut zum Anlernen einer an sich bergbauungewohnten Belegschaft eignete.» Ab 1955 wurde dann im westlichen neuen Teil der Abbau mit Sicherheitspfeilern und Ankerbau nach dem System Windgassen (Ankertyp M20) vorgenommen, das sich schon bei der Sicherung des vielbefahrenen Hauptstollens bewährt hatte. Wichtig war bei der Setzung der Anker, dass die Haltebolzen bis in die «Knollenschichten» der Lambertizone rund 1 m im Hangenden vorgetrieben wurden. Die Abbauverluste im westlich gelegenen Kornbergsystem erhöhten sich in der Folge aufgrund der schwierigeren tektonischen Verhältnisse auf 33 % (1956/57). Die zur Vermeidung von Bergschäden stehengelassenen Sicherheitspfeiler aus Erz trugen dazu wesentlich bei.

Speziell für Bergwerke gebaute Diesellokomotive in der Hauptstrecke.

Die Lösung der Transportfrage

Zu Beginn des Bergbaubetriebs bis 1942 verlud man das Erz aus den Rollwagen in einer Art «Schütte» direkt auf mit Holzvergaser ausgerüstete Lastwagen regionaler Transportunternehmer. Diese brachten es nach Frick zum Bahnverlad. Auf die Dauer war eine solche Lösung aber unbefriedigend, unwirtschaftlich und der stetig zunehmenden Erzproduktion in der Zukunft nicht gewachsen. Zudem hatten

Erzverlad vor dem Bau des Silos auf mit Holzvergaser ausgerüstete Lastwagen regionaler Transportunternehmer.

die Transportunternehmer mit recht elementaren Schwierigkeiten zu kämpfen, fehlten ihnen doch zeitweise die notwendigen Betriebsmittel, wie 1943 nach dem erfolgten Bau der Transportseilbahn im Geschäftsbericht der JBW rückblickend festgehalten wurde: «Infolge des gegenwärtigen Mangels an flüssigen und festen Brennstoffen, insbesondere aber an Gummi für die Bereifung der verwendeten Lastwagen, wäre der Betrieb des Bergwerkes ohne Seilbahn ganz unmöglich.»

In Frick wurde das Erz von einer Laderampe direkt in bereitstehende Eisenbahnwagen gekippt.

Oben: Alte Barackenbauten und neue Werkstätte (im Bau), Sommer 1941.
Unten: Diesellok mit Rollwagen vor der neuen Werkstätte, 1941.

Auf Halde konnte das Erz aufgrund seiner Beschaffenheit nicht gearbeitet werden; es zerfiel bei Regen schon nach kurzer Zeit.

Zusammen mit dem Ausbau der Bergwerksanlage über Tag (neue Schmiede und Werkstätte 1941) trieb man den Bau eines Silos beim Bergwerk (1000 Tonnen Fassungsvermögen) und einer Verladestation beim Bahnhof Frick (700 Tonnen Fassungsvermögen) voran. Gleichzeitig erstellte man vom Bergwerk in praktisch gerader Linie über den Kornberg zur Verladestation Frick eine Seilbahn von 4,2 km Länge, die mit ihren Eisenbetonmasten und 120 Wagen als eigentliches Pionierwerk galt. Die neue Transportanlage – Silo Herznach, Seilbahn und Verladestation Frick – nahm im Juni 1942 den Betrieb auf.

Beim Bergwerk erstellten die JBW 1943, um den neuen Anforderungen durch die Seilbahn gewachsen zu sein, ausserdem eine stärkere Transformatorenstation (2 × 100 KVA).

600 bis 700 kg Erz konnten pro Seilbahnwagen befördert werden, was einer Tagesleistung von 600 bis 700 Tonnen gleichkommt. Namentlich im ersten Betriebsjahr musste der Seilbahnbetrieb mehrmals für kurze Zeit eingestellt werden, Reparaturen waren notwendig.

Auch im folgenden Jahr (1944) war die Seilbahn Gegenstand erneuter Bemängelungen: «Der Unterhalt der Seilbahn hat der Betriebsleitung

Verladesilo Herznach im Bau, Sommer 1941.

Ansicht der Herznacher Grube im Herbst 1941.

Verladesilo Herznach mit hölzerner Zufahrtsbrücke, November 1941.

Seilbahnmast während der Schalung, Sommer 1941.

infolge der häufigen Litzenbrüche der Trag- und Zugseile, aber auch wegen den in letzter Zeit an den Betonmasten aufgetretenen Defekten viele Sorgen gemacht», heisst es im Geschäftsbericht 1944. Abhilfe schaffte die JBW durch den Einbau von neuen Seilbahnschuhen, die eingebaute Rollen mit Kugellagern aufwiesen. Fortan lief die Seilbahn von kleineren Unterhaltsarbeiten abgesehen ohne nennenswerte Störungen.

Am 22. November 1956 um 16.30 Uhr brach in der Reparaturwerkstätte ein schwerer Brand aus. Durch das Feuer explodierte eine Acetylen-Flasche, das Zugseil glühte aus und zerriss: Sämtliche 120 Wagen auf der gesamten Strecke stürzten zu Boden. Die Antriebsmo-

Spannstation Kornberg der Seilbahnanlage, 1942.

toren wurden vollständig zerstört. Die umfangreichen Reparaturarbeiten nahmen fast ein Jahr in Anspruch, nachdem man vorerst geglaubt hatte, sie schon im Mai des folgenden Jahres beenden zu können. Erst im August 1957 nahm die Seilbahn ihren Betrieb wieder auf. Zwischenzeitlich hielt man den Transport zur Bahnstation Frick durch den Einsatz von Lastwagen aufrecht; der Bergbaubetrieb erlitt durch den Brand keinen Unterbruch.

Von Frick aus wurde das Erz per Bahn zum Rheinhafen Kleinhüningen und von dort vorerst auf dem Wasserweg ins Ruhrgebiet, später auch per Bahn nach Choindez und Gerlafingen befördert. Aufschluss über Produktionszahlen und Abnehmer gibt die Tabelle auf Seite 85.

Seilbahn vom Verladesilo Frick aus gesehen, 1942.

*Oben: Silo Frick während der Beladung eines Erzzuges.
Unten: Erzverlad in einem Wagen der Deutschen Reichsbahn. Die Gewichtskontrolle erfolgt durch eine automatische Waage.*

Die Nachkriegsproduktion in Herznach

Der allgemeine Rohstoffmangel nach dem Zweiten Weltkrieg, insbesondere an Koks für den Betrieb des elektrischen Niederschachtofens im Von-Roll-Werk Choindez, liess auch den Erzabbau im Bergwerk Herznach erliegen. Die Anlage wurde nur noch von einigen Arbeitern instand gehalten.

Für einige Jahre wurden rund 5000 Quadratmeter in den Aufhauen zwischen den Strecken II und III an eine Champignon-Kulturen GmbH in St. Gallen verpachtet. Die betroffenen Stollen hatten einen besonderen Zugang, so dass der Bergbaubetrieb durch die Champignon-Kultur nicht beeinträchtigt wurde. «Der Vertrag wurde hauptsächlich abgeschlossen», heisst es im Geschäftsbericht 1944 der JBW, «weil die Gesellschaft nach der Reduktion der Belegschaft in der Lage war, einige unserer Arbeiter zu beschäftigen.»

Erste Erzlieferungen ins Werk Choindez erfolgten 1947. Wie gross diese waren, geht leider aus den noch vorhandenen Unterlagen nicht hervor. Die geförderte Erzmenge in der Herznacher Mine betrug damals 14 000 Tonnen.

Mit einem bescheidenen Betriebsüberschuss konnte der Verlust aus den ersten Nachkriegsjahren etwas verbessert werden. Ein Hoffnungsschimmer zeichnete sich ab.

1949 stieg die Förderung auf 22 058 Tonnen. Das Erz konnte zum grössten Teil nach Choindez geliefert werden; 813 Tonnen davon gingen an das Von-Roll-Werk in Gerlafingen. Erneut konnte man den noch vorhandenen Verlust etwas senken.

Am 17. Juli 1950 geriet die hölzerne Schutzbrücke über die Gleise der SBB in Frick in Brand und sackte trotz den Bemühungen der Feuerwehr in sich zusammen. Sie wurde durch eine eiserne Brücke im März 1951 ersetzt.

1951 brachte einen Förderrückgang auf nur 17 187 Tonnen, der durch die kurze Betriebsdauer des Ofens in Choindez infolge verschiedener Störungen und fehlenden Walliser Anthrazits bedingt war, und somit schlechtere Ergebnisse. Der niedrige Eisenpreis trug ebenfalls dazu bei, dass das Jahresresultat der JBW recht mager ausfiel.

Trotz immer noch niederer Fördermenge von total 17 472 Tonnen, die von Choindez abgenommen wurde, erwirtschaftete die JBW 1951 ein etwas besseres Ergebnis. Dieses war «der Einsparung auf Löhnen und Gehältern sowie dem Wegfall der Rückstellungen auf die neue Schutzbrücke zu verdanken».

Im August 1952 gelang es nach langwierigen Verhandlungen, mit sechs Hüttenwerken an der Ruhr einen Erzlieferungsvertrag für 30 000 Tonnen Fricktaler Erze pro Jahr während dreier Jahre abzuschliessen. Die Gesamtlieferungen (Schweiz/Ruhr) erreichten 1952 die Menge von 25 124,5 Tonnen und trugen dazu bei, dass der Verlust der JBW aus den Nachkriegsjahren bis auf Fr. 20 000.- abgetragen werden konnte.

Noch besser sah die Situation 1953 aus. An schweizerische Abnehmer wurden knapp 22 000 Tonnen Erz geliefert, an die Ruhr etwas über 24 000 Tonnen, was zu einem stattlichen Betriebsgewinn führte und die Verluste aus den ersten Nachkriegsjahren endlich aus der Welt schaffte.

1954 betrugen die Gesamtlieferungen an verschiedene in- und ausländische Abnehmer 35 484 Tonnen.

Mit 56 664 Tonnen im Jahr 1955 und 51 475 Tonnen im Jahr 1956 wies die JBW erneut Gewinne aus. Beabsichtigte Investitionen über und unter Tag wurden vorderhand noch zurückgestellt.

Auch 1957 war das erzielte Förder-Liefer-Verhältnis zufriedenstellend, ebenso der bescheidene Gewinn.

Infolge einer Krise auf dem Kohlen- und Eisenmarkt gingen die Exporte an die Ruhr 1958 auf 6000 Tonnen zurück; auch an Choindez konnte weniger versandt werden, was zu einem Betriebsverlust bei einer Gesamtfördermenge von 30 557 Tonnen führte.

Spätestens hier wurde deutlich, dass der Bergbau in Herznach nur lebensfähig bleiben konnte, wenn ein gleichbleibender Absatz während des ganzen Jahres gewährleistet war.

Wohl kam 1959 ein neuer Vertrag mit den Ruhrwerken zustande; die JBW konnte jedoch die Lieferungen der vertraglich festgesetzten Mengen wegen niedrigen Wasserstandes des Rheins nicht ausführen. Sie betrugen 1959 in allem 34 363 Tonnen.

Im März 1960 interessierten sich die Jura-Zementfabriken Aarau, Wildegg, für das Herznacher Erz als eisenreicher Beischlag anstelle des bisher verwendeten Pyritabbrandes zu den von ihnen abgebauten Zementmergeln. Mit 6058 Tonnen hatten sie Anteil an den in diesem Jahr verkauften 44 858 Tonnen. Die Ruhrwerke tätigten in diesem Jahr einen weiteren Abschluss von 20 000 Tonnen.

Dies hatte den Verwaltungsrat dazu bewogen, dem Fonds für Personalfürsorge aus «Anlass des nun seit einem Vierteljahrhundert erfolgenden Abbaues des Fricktaler Erzes eine Sonderzuwendung von Fr. 25 000.-» zu machen. Dieses Geld schrieb man den berechtigten Arbeitern und Angestellten auf ihren Sparheften gut.

Die geförderte und verkaufte Erzmenge im Jahr 1961 betrug mit 42 765 Tonnen geringfügig weniger als im Vorjahr, ebenso im darauffolgenden Jahr 1962 (41 844 Tonnen). Entsprechend reduzierte sich auch der Betriebsgewinn.

In den Jahren 1963–1966 bewegte sich die Fördermenge des Herzna-

Bergwerk Herznach

Beschäftigte, Erzliefermengen, Löhne, Gewinne oder Verluste

Jahr	Beschäftigte				Erzliefer-mengen in Tonnen	Löhne inklusive Sozialabgaben in Franken	Betriebs-verlust in Franken	Betriebs-gewinn in Franken
	Total	CH	I	D				
1937	31				33 329			
1938	42				44 070			
1939	70				72 872			
1940	80				113 238	Seit 1.8.40		
1941	139				211 783			
1942	124				174 236	1 088 188		72 926
1943	140				158 727	557 083		15 728
1944	100				112 740	474 472		27 628
1945	12				886			
1946	5				27			
1947	–				14 000	91 151	158 599	
1948	35	15	20		25 418	159 242		45 410
1949	30	15	15		22 058	144 552		12 862
1950	26	17	9		17 187	112 121		7 728
1951	21	14	7		17 472	102 914		20 967
1952	21	11	10		25 124	150 790		50 624
1953	32	17	15		46 690	263 193		124 864
1954	26	18	6	2	35 484	183 050		102 613
1955	36	16	12	8	56 664	306 747		208 137
1956	39	16	10	13	51 475	285 910		52 717
1957	37	15	14	8	55 052	333 537		115 897
1958	27	15	8	4	30 000		8 736	
1959	26	15	8	3	34 548	224 000		57 565
1960	26	13	11	2	44 858	264 234		150 386
1961	26	12	13	1	42 665	287 508		133 693
1962	26	12	13	1	41 761	321 178		112 675
1963	22	10	11	1	31 366	301 072		27 480
1964	21	9	11	1	34 197	311 044	105 258	
1965	20	9	10	1	37 518	337 711		61 179
1966	19	9	9	1	32 723	334 764	55 513	
1967	11	9	1	1	4 746	139 896	105 738	

Fehlende Zahlen aufgrund nicht mehr vorhandener Unterlagen.

cher Erzes von 31 366 Tonnen (1963) über 37 518 Tonnen (1965) bis zu 32 723 Tonnen im Jahr 1966, als von Choindez die folgenschwere Mitteilung eintraf, man habe den Ofen stillgelegt und die Produktion auf Sphäroguss umgestellt.

Im Geschäftsbericht 1966 heisst es dazu: «Unser Unternehmen ist am 14. März 1966 25 Jahre alt geworden. Da die Weiterführung des Betriebs der Grube Herznach ab 1967 ernsthaft in Frage gestellt ist, haben wir von einer Jubiläumsfeier abgesehen.»

Die Belegschaft betrug in diesem Jahr 19 Mann. Im Bericht des Verwaltungsrates der Jura-Bergwerke AG steht am 30. Mai 1968:

«Das Jahr 1967 sollte nun leider zum Schicksalsjahr für das letzte schweizerische Eisenbergwerk werden, nachdem dasjenige am Gonzen bereits ein Jahr früher stillgelegt worden ist. Der Geschäftsführer hat den Verwaltungsrat (...) ausführlich über die Lage des Grubenbetriebes orientiert und die Schliessung der Grube beantragt. Ein Ex-

1951 erstellte die Jura-Bergwerke AG westlich der Werkstätte ein neues Verwaltungsgebäude.

port unseres Erzes kam nicht mehr in Frage. Durch die Umstellung auf phosphorarmes Eisen fiel das Werk in Choindez als Abnehmer aus und der Absatz an die inländische Zementindustrie war zu klein. Der Verwaltungsrat hat in zwei Sitzungen die Situation eingehend besprochen. Die Generalversammlung genehmigte am 23. Mai 1967 nach eingehender Diskussion und aufgrund des Berichts der Geschäftsführung den Antrag des Verwaltungsrates, die Grube auf Ende Juni 1967 stillzulegen.»

Die Aufräumarbeiten wurden bis 1968 mit drei Arbeitern beendigt. Den schon vorher ausgeschiedenen Belegschaftsmitgliedern konnten von der Personalfürsorgestiftung angemessene Austrittsgelder oder Rentenleistungen zugesprochen werden.

Die Bedeutung des Bergwerks für die Region

Betrachtet man die Zahlen der im Bergwerk Tätigen auf Seite 85, wird schnell klar, dass der Bergbau in der Region auch bezüglich der Verdienstmöglichkeiten eine äusserst wichtige Rolle gespielt hatte.

Ausserdem wird aus einer Aufstellung der Personalfürsorgestiftung ersichtlich, dass die am 17. Januar 1964 Beschäftigten zwischen 1 und 28 Jahren im Bergwerk gearbeitet hatten. Ihre Jahreseinkommen bewegten sich zu diesem Zeitpunkt zwischen Fr. 7500.– und 24 000.–. Der älteste Arbeiter war 1964 im Alter von 75 Jahren, der jüngste 34 Jahre alt.

Wohl wurde in Herznach bedauert, dass der Sitz der Jura-Bergwerke AG nicht im Dorf selber, sondern in Frick war, doch bot der Bergbaubetrieb der einheimischen Bevölkerung während fast drei Jahrzehnten von den dreissiger Jahren bis in die sechziger Jahre willkommene Arbeitsmöglichkeiten.

Leider sind bei Aufräumarbeiten praktisch die gesamten Betriebsunterlagen des Bergwerks verbrannt worden, so dass weitere Angaben über Löhne, soziales Umfeld usw. nur durch eine Befragung ehemaliger Grubenarbeiter aus Herznach im Winter 1977/78 durch D. Šimko einige wenige Anhaltspunkte ergab. Aus der Aufstellung Seite 89 geht hervor, dass alle sechs befragten ehemaligen Bergarbeiter gemeinsame Merkmale zeigten: geringer Landbesitz vor Eintritt ins Bergwerk, Nebenerwerb während der Zeit im Bergwerk durch Landwirtschaft, mit einer Ausnahme kinderreiche Familien und ähnliche soziale Herkunft.

Dank dem Bergwerk entstand um Herznach 1939–1944 gewissermassen ein kleiner «labiler Pendlerraum», der in den fünfziger Jahren durch den Einsatz von Gastarbeitern zum Erliegen kam. Die Wohn-

Arbeiter am Silo Herznach beim Beladen der Seilbahnwagen. Während drei Jahrzehnten bot das Bergwerk willkommene Arbeitsmöglichkeiten.

Befragung ehemaliger Bergwerksarbeiter

Arbeitnehmer	1.	2.	3.	4.	5.	6.
Geburtsjahr	1916	1919	1915	1912	1911	1916
Beruf des Vaters	Landwirt	SBB-Arbeiter	–	–	Landwirt	Landwirt und Förster
Landbesitz des Vaters	kein	300 a	–	–	–	6 ha
Anzahl Geschwister	–	3	5	6	11	6
Beruf vor Eintritt ins Bergwerk	Schmied	–	Schneider und Knecht	Bauarbeiter	SBB-Arbeiter	Arbeiter und Landwirt
Landbesitz vor Eintritt ins Bergwerk	kein	kein	kein	kein	2 ha	kein
Im Bergwerk tätig	1942–1945 1952–1967	1939–1967	1939–1944	1938–1945	1937–1945 1945–1958	1937–1940
Nebenerwerb während der Zeit im Bergwerk	Landwirt	–	kein	kein	Landwirt	–
Arbeit nach Austritt aus dem Bergwerk	Dachziegelwerk Frick	Fabrik van Spyk	Dachziegelwerk Frick	Dachziegelwerk Frick	Landwirt	Eisenkonstr. Meyer Möhlin
Stundenlohn im Bergwerk	–	0.85/1939 5.20/1966	0.84/1939 1.20/1944	0.82/1939 2.00/1945	2.58/1958 und Akkord	–
Arbeitsfunktion im Bergwerk	Reparaturwerkstatt	Seilbahn-Vorarbeiter	Mineur	Mineur	Mineur	Arbeiter
Heirat	1943	1949	1943	1943	1940	1942
Anzahl Kinder	4	1	5	4	13	7
Landbesitz heute	3,5 ha	100 a	7,65 a	7 a	9 ha und 6 ha Pacht	6,7 ha und 1 ha Pacht

Die hier dargestellten Daten stammen aus einer unveröffentlichten Arbeit von D. Šimko, Basel, 1977/78.

orte der Arbeiter während der Zeit von 1939 bis 1944 verteilten sich wie folgt: *Herznach* 15, *Wölflinswil* 8, *Oberhof* 5, *Frick* 6, *Densbüren* 5, *Oeschgen* 7 und *Ueken* 4.

Zahlenmässig äusserte sich die Änderung der Berufsstruktur in Herznach am ehesten in der Abkehr von der landwirtschaftlichen Tätigkeit im Zeitraum von 1941 bis 1960: die land- und forstwirtschaftlich Berufstätigen gehen von 61 auf 34% zurück; die Industriegruppe nimmt von 29 auf 52% und die Gruppe des Restsektors von 10 auf 19% zu (nach Šimko).

Das Bergwerk hat in Herznach eine Entwicklung eingeleitet, die natürlich auch in anderen Regionen des Fricktals stattfand und noch stattfindet: die Abkehr von der Scholle und der Trend zum grossflächigen oder intensiv bewirtschafteten kleineren landwirtschaftlichen Mittelbetrieb. Der Herznacher Erzbergbau hat die Gemeinde Herznach und die Region mit den umliegenden Dörfern entscheidend geprägt.

Die Versteinerungen

Schneckensteine und Donnerkeile

Noch heute spricht man in der weiteren Umgebung von Herznach von «Schneckensteinen», wenn beim Pflügen hin und wieder ein Ammonit zum Vorschein kommt.
Geschossähnliche Tintenfischrostren, im Fachausdruck Belemniten genannt, werden etwa «Donnerkeile» oder «Spitzli» genannt oder wurden früher als «Kalützelsteine» bezeichnet.
Ihnen, den Schneckensteinen und den Donnerkeilen, ist gemeinsam, dass sie versteinerte Reste sind von Tieren, die zur Zeit des Oberen Dogger bis zum Unteren Malm das warme Jurameer bevölkerten.

Kleine Auswahl von Belemniten «Donnerkeilen» aus dem Bergwerk Herznach (aus Jeannet, 1951, Tafel 3).

Vorzüglich erhaltene Ammoniten aus dem Bergwerk Herznach haben schnell zum guten Ruf der Lagerstätte unter Wissenschaftlern und Sammlern beigetragen.

Die äusserst guterhaltenen versteinerten Reste (Fossilien) von Ammoniten, Nautiliden, Belemniten, Muscheln und Schnecken, die die Arbeiter beim Abbau im Bergwerk in grosser Zahl fanden, haben denn auch schnell zum guten Ruf der Herznacher Lagerstätte unter Wissenschaftlern und Fossiliensammlern beigetragen. Für Spezialsammler ist zu erwähnen, dass man gelegentlich sogar versteinerte Reste von Krebsen, Stachelhäutern (Seeigel), Reptilienknochen und Haifischzähnen fand.

Erste wissenschaftliche Erwähnungen

Verschiedene Geologen, die sich im 18. und 19. Jahrhundert auf ihren Beobachtungs- und Sammeltouren auch mit dem Aargauer Jura befassten (Albrecht Rengger, Johann Gottfried Ebel, Arnold Escher von der Linth, Albert Mousson, Ulrich Stutz) erwähnten – allerdings oft nur beiläufig – Versteinerungen aus der Region um Herznach-Wölflinswil.
Erst der in Frick geborene Casimir Moesch (1827–1899), der ab 1865 an der Universität Zürich als Privatdozent für Geologie und Konservator der geologischen Sammlung wirkte, sammelte die Versteinerungen des Aargauer Juras und der Region Herznach-Wölflinswil systematisch und publizierte die Fundstellen.
Moesch war ein ausserordentlich guter Beobachter und Schichtenkenner. Seine stratigrafischen Befunde haben teilweise noch heute Gültigkeit. Moesch wäre wohl erstaunt und hocherfreut, wenn er erfahren würde, dass seine «vorläufigen Namen» wie Birmenstorfer und Effinger Schichten – auch heute noch – nach mehr als 100 Jahren, zu Recht bestehen und in der geologischen Literatur Verwendung finden. Ihm haben wir auch die ersten umfangreichen Fossillisten des Gebiets zu verdanken. Er erwähnt in seinen Büchern von den Fundorten Herznach, Ueken, Kornberg, Feuerberg, «Wölfliswyl», «Dachseln» eine überaus grosse Anzahl von Versteinerungen. Wie gut er auf seinen Sammeltouren Land und Leute beobachtete, geht aus einer Notiz im «Aargauer Jura», der 1867 erschien, über die Belemniten des Feuerbergs hervor: «In früheren Zeiten wurde auf Roteisenerz der untern Zone am Feuerberg geschürft und nebenbei die zahlreich erbeuteten Belemniten ‹Kalützelsteine› zu Heilzwecken durch Handel unter dem leichtgläubigen Landvolke verbreitet. Zur Stunde noch schreiben die Bauern den Belemniten untrügliche Heilkraft gegen Augenkrankheiten zu.» Und, wie es Moeschs Art war, gab er gleich noch die Gebrauchsanweisung an: «Die Belemniten werden gewaschen, gepulvert und Pferden und Rindvieh in die kran-

Als Collotia frickensis sp. nov. hat Prof. Jeannet diesen Ammoniten aus dem Bergwerk neben vielen anderen beschrieben und abgebildet (x0.7, aus Jeannet, 1951).

ken Augen geblasen, was natürlich das Übel nur schlimmer macht; aber gequacksalbert muss sein.»

Moesch stellte seine umfangreichen Aufsammlungen dem Genfer Paläontologen Perceval de Loriol zur Verfügung, dem Stücke daraus für eine Reihe von Monographien als Grundlage dienten.

Mit dem stratigrafischen Profil von Herznach beschäftigte sich erstmals der Geologe Louis Rollier 1894, «...in dessen Publikationen und Manuskripten man zahlreiche Angaben darüber findet», wie ETH-Professor A. Jeannet 1952 in seinem ersten grossen Werk über die Fossilien des Bergwerks bemerkte. Rollier stellte in einem umfangreichen Manuskript über die Oxfordstufe im Jura und den angrenzenden Gebieten sehr vollständige Fossillisten auf, die aus der Zeit von 1891 bis 1925 stammten. Das von ihm gesammelte Material war in der ETH Zürich deponiert worden. Für eine ebenfalls nur im Manuskript vorliegende Publikation, «mit bereits gedruckten Tafeln», wie Jeannet anfügt, und die von spätestens 1927 stammt, hatte Rollier wahrscheinlich bereits Fossilmaterial aus dem Vortrieb des Versuchsstollens 1920 vorgelegen.

Ab 1937, mit dem Einsetzen des eigentlichen Bergbaubetriebs, begann man bereits – der Bedeutung der Fossilien entsprechend – grosse Belegsammlungen anzulegen. Im Auftrag des Geschäftsleiters der Studiengesellschaft, Hans Fehlmann, Bern, später auf Weisung der Direktion der Jurabergwerke AG trug Verwalter Karl Knecht, Frick, für die ETH Zürich eine am Schluss auf einige tausend Fossi-

Originaletikette eines Herznacher Ammoniten (Versuchsstollen) von der Hand Jeannets (Museum Bally-Prior, Schönenwerd).

Typisches Handstück (Faziesstück) aus dem Bergwerk Herznach, Cordatus-Schichten, mit zwei Ammoniten und einer Turmschnecke.

lien angewachsene Kollektion zusammen. Diese diente Prof. Jeannet als Grundlage für seine später erschienenen wissenschaftlichen Bearbeitungen. Die zweite von Knecht angelegte Belegsammlung war für die Jurabergwerke AG bestimmt. Sie ist aber seit der Schliessung des Bergwerks verschollen.
Unzählige kleinere und grössere Sammlungen an Herznacher Fossilien sind bei Sammlern und Museen in alle Richtungen verstreut.
Der überaus grösste Teil des vorhandenen Materials stammte aus dem Schutt des Abbaus und war nur in den wenigsten Fällen stratigrafisch horizontiert entnommen worden. Das machte eine erneute wissenschaftliche Bearbeitung sehr schwierig.
Nach der endgültigen Schliessung des Bergwerks schien auch das Schicksal einer einzigartigen Fossil- und Minerallagerstätte im Schweizer Jura besiegelt zu sein. Bis sich in privaten und Museumskreisen etwas regte.

Die Wissenschaftliche Arbeitsgemeinschaft Bergwerk Herznach (WABH)

Einige Privatpersonen begannen sich im Frühling 1972 für das Herznacher Vorkommen zu interessieren und besuchten die noch zugänglichen (und damals an einigen Stellen unverschlossenen) Stollensysteme. Rolf Eichin, Zürich, einer der Initianten schrieb darüber 1978: «Die einzigartige Fundstelle rief ... geradezu nach einer wissenschaftlichen Bearbeitung. Was uns vorschwebte, war eine kleine Arbeitsgemeinschaft, vielleicht ein ‹Mini-Lengenbach für Fossilien›; denn die hier auf engstem Raum vorkommende reichhaltige Fauna ist in weitem Umkreis einmalig.»
Verschiedene bezüglich des Projektes angesprochene Personen bekundeten Interesse an einer solchen Arbeitsgemeinschaft, so dass 1973 mit konkreteren Abklärungen begonnen werden konnte. Nach den notwendigen Gesprächen mit der Jurabergwerke AG als Anlageneigentümerin, den Kantonsbehörden, der Versicherung sowie der Schaffung eines allseits zufriedenstellenden Gesellschaftsvertrags wurde die «Wissenschaftliche Arbeitsgemeinschaft Bergwerk Herznach», in der nachfolgenden Darstellung als WABH bezeichnet, 1974 formell aus der Taufe gehoben.
Eichin erinnert sich: «Die Verhandlungen konnten nun mit etwas mehr Gewicht geführt werden. Aber es dauerte noch zwei weitere Jahre, bis im neuerschlossenen Kornbergstollen der erste Hammerschlag erklang; und die Korrespondenz sprengte inzwischen den ehemals grosszügig bemessenen dicken Ordner.»

Präsident und Geschäftsführer war Dr. Reinhard Gygi vom Naturhistorischen Museum Basel.

Als Gesellschafter waren ausser ihm an der WABH im Januar 1977 beteiligt: Kantonsmuseum Baselland, Dr. Jürg Ewald; Paläontologisches Institut der Universität Zürich, Prof. Dr. Hans Rieber; Dr. Erich Offermann, Arlesheim; Rolf Eichin, Zürich; Dominik Stoecklin, Binningen, und der Autor.

Zweck der WABH war «die Bergung durch Abbau sowie die Verteilung von wissenschaftlich interessanten und sammlungswürdigen Versteinerungen und Mineralien in den Anlagen der Jura-Bergwerke AG, Herznach, zu Sammlungszwecken und zur Gewinnung von Tauschmaterial. Die WABH verfolgt keine geschäftlichen Zwecke», wie die knappe Umschreibung im Gesellschaftervertrag lautete.

Zur Erreichung dieser Ziele und im Rahmen eines mehrjährigen kleinen Arbeitsprogramms schied man Anfang 1976 sechs für stratigrafische Aufnahmen besonders geeignete Arbeitsstellen aus und

Oben: Dr. Reinhard Gygi, Basel, Präsident und Geschäftsführer der WABH, beim Begehn eines Stollens (1976).
Unten: Zwei Mitglieder der WABH, Rolf Eichin (links) und Rolf Bühler, beim Bergen eines Ammoniten im Stollendach.

nahm im Februar die Arbeit auf. Sie sollte unter keinem guten Stern stehen, wie sich bald zeigte.

«Es war», erinnert sich einer der Beteiligten,» wie wenn sich der Berg gegen die Eindringlinge wehren wollte.» R. Gygi schreibt dazu in seinem Bericht vom 23. November 1976: «Am 19. Juni nahmen wir die Arbeit an der Fundstelle 2 auf, nachdem am Morgen in der gegenüberliegenden Kaverne (Fundstelle 3) ein erster grösserer Einsturz erfolgt war. Ende Juni senkte sich an der Oberfläche über diesem Gebiet ein ungefähr kreisförmiger, durch Risse begrenzter Bereich mit etwa 60 m Durchmesser ein. Am Nachmittag des 10. Juli war die ganze Kaverne 3 vollständig eingestürzt.» Aus der Schilderung geht hervor, wie die Stollen des Bergwerks vor den Augen oder fast über den Köpfen der WABH-Leute immer mehr einbrachen. Eine Beeinflussung dieser Vorgänge durch die Erdbeben im Friaul und Arosa im Jahr 1976 ist durchaus denkbar.

Nach weiteren Einstürzen – alle Fundstellen im Kornbergteil waren

Herabgestürzte Schuttmassen und zerbrochene Stempel: So und noch viel schlimmer sah es zehn Jahre nach der Schliessung des Bergwerks in den Kavernen des Kornberg-Systems aus.

entweder ausgebeutet oder verschüttet – entschloss sich R. Gygi, «als für die Sicherheit im Bergwerk Verantwortlicher, die Arbeiten endgültig einzustellen». Das Werkzeug wurde zum Ausgang geschafft, lediglich einige Spriesse (Stützen) musste man wegen Einsturzgefahr stehen lassen.

Während total acht Arbeitstagen waren insgesamt 24 Manntage Arbeit geleistet worden.

Am 29. Januar 1977 erfolgte die Verteilung der spärlichen Funde (etwa 1000 Fossilien und rund 30 Mineralstufen); anschliessend wurde die WABH «zufolge des massiv überhöhten Unfallrisikos» unverzüglich liquidiert.

Paläontologische und stratigrafische Auswertungen aus der Tätigkeit der WABH sind unseres Wissens vor allem in Arbeiten von R. Gygi zum Ausdruck gekommen.

Über die mineralogischen Erkenntnisse aus der Tätigkeit der WABH orientiert das folgende Kapitel.

Die Mineralien

Die Mineralien des Bergwerks Herznach

Bereits während der Abbauzeit stellte der damalige technische Leiter, Bergingenieur Adolf Frei, das reichhaltige Vorkommen gut kristallisierter Mineralien fest. Auffallend war der für den Jura seltene gute Erhaltungszustand der Kristalle. Der Grund dafür ist naheliegend: Der Bergbaubetrieb erschloss eine vor Verwitterungseinflüssen weitgehend geschützte und verhältnismässig grosse Untertagefläche. Der mineralogischen Untersuchung war dadurch ein geschlossenes Areal zugänglich innerhalb der an sich riesigen Ausdehnung des Juragebirges. Damit waren die Voraussetzungen für eine systematische Bearbeitung gegeben. Eine Gelegenheit, die Frei wahrnahm. Er veröffentlichte seine mineralogischen Untersuchungen, die er hauptsächlich in der Freizeit machte, 1952 als Doktorarbeit an der ETH Zürich.
Mit systematischen Aufsammlungen lokalisierte er die Vorkommen innerhalb des Bergwerks und teilte sie entsprechend der Vorkommen ein in zwei grosse Hauptgruppen:
Die **Mineralien der Klüfte** sind eigentliche Kluftmineralbildungen an den N-S verlaufenden Verwerfungen, die aber aufgrund der andersartigen Bildungsbedingungen nicht mit alpinen Zerrklüften verwechselt werden dürfen.
Die **Mineralien der Fossilhohlräume** hingegen treten in auskristallisierten Kammerhohlräumen von Ammoniten auf.
Frei konnte während der aktiven Produktionsphase des Bergwerks aufgrund seiner beruflichen Aufgaben nur beschränkt Mineralien sammeln. Anders war das bei der Tätigkeit der bereits erwähnten Wissenschaftlichen Arbeitsgemeinschaft Bergwerk Herznach (WABH). Ein Teil WABH-Mitglieder hatte sich auf Mineralien spezialisiert und war schon Jahre vor der Gründung der Arbeitsgemeinschaft im Bergwerk als Sammler aktiv.
Die einzigen publizierten mineralogischen Beschreibungen aus systematischer Aufsammlung im Bergwerk nach Freis Wirken stammen von den beiden WABH-Mitgliedern Rolf Eichin, Zürich, und Dominik Stoecklin, Ettingen, oder beziehen sich auf deren Funde. Sie bearbeiteten u. a. die gleichen Klüfte und veröffentlichten die Resultate 1978 unter der gleichen Kluft-Numerierung wie A. Frei. Aus praktischen Gründen stellen wir hier die mineralogischen Befunde von Frei mit jenen der WABH zusammen dar.

Adolf Frei (1902–1982).

Die Mineralien der Klüfte und Verwerfungen

Die Lage der Klüfte ist auf dem Grubenplan Fig. 5 ersichtlich.
Paragenese: Calcit, Coelestin, Pyrit.

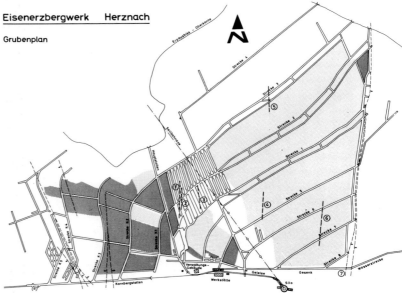

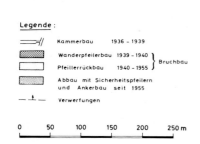

Figur 6: Trigonales Skalenoeder.

Calcit, $CaCO_3$. Hauptmineral ist bei allen Klüften im Bergwerk der Calcit, dessen Kristalle eine maximale Länge von 10 mm erreichen können. Viele Klüfte führten überhaupt nur Calcit. Das Karbonatmineral, das im gesamten Jura als «Hansdampf in allen Gassen» auftritt, kommt in den Kluftfundstellen des Bergwerks hauptsächlich in skalenoedrischer Kristallform vor (Figur 6).

Coelestin, $SrSO_4$. Mengenmässig eher untergeordnet, bezüglich der Kristalle bisweilen aber von grosser Schönheit, trat Coelestin auf. Die Kristalle waren (vor allem in Kluft 7) bis 35 mm gross. Ihre Farben gehen von Blassblau bis zu kräftigem Himmelblau.

Die beiden Bearbeiter der WABH, Rolf Eichin und Dominik Stoecklin, deren Darstellung wir hier folgen, haben reiche Ausbeute gemacht bei ihren Besuchen und ausserdem festgestellt, dass «die Coelestine meistens auf einem Rasen von kleinen Calciten, eher selten, direkt auf dem Nebengestein sassen.» Sie bargen quadratdezimetergrosse Stufen mit zum Teil mehreren Dutzend Coelestinkristallen. Besonders bemerkenswert ist dabei die Tatsache, dass gegen die Birmenstorfer Schichten hin die Kristalle immer grösser waren.

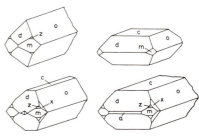

a (100), o (011), d (101), m (210), z (211), x (122).

Figur 7: Verschiedene Coelestinformen der Kluft 7 (nach Frei, 1952).

Flachtafelige Coelestine aus Kluft 1. Höhe des grössten Kristalls 2,5 mm.

Stengelige bis flachtafelige Coelestine. Hauptverwerfung Strecke VIII. Höhe des grossen Kristalls 4 mm.

Oktaedrische Pyritkristalle auf Calcit. Kantenlänge 1 mm.

Pyrit, FeS_2. In den stratigrafischen höheren Schichten kamen gelegentlich Pyritkristalle vor, deren Grösse kaum 1 mm erreichte.

Die Mineralien der Fossilhohlräume

Die Mineralbildungen der Ammonitenhohlkammern hebt sich deutlich von jener der Klüfte und Verwerfungen ab. Während sich die Klüfte über Distanzen von 0,1 bis 100 m erstrecken und deren Mineralführung nur sehr langsam ändert, stellte man bei der Mineralisierung der Fossilhohlkammern schon im cm-Bereich, mitunter von Kammer zu Kammer, Unterschiede fest.

Zur Orientierung der nachfolgenden Beschreibungen ist auf die beigegebene stratigrafische Tabelle (Figur 8) mit zugeordneten Mineralienabfolgen verwiesen. Ohne damit etwas über die Entstehung der Mineralparagenesen auszusagen, werden diese vom Hangenden (oben) zum Liegenden (unten, Bergwerkssohle) beschrieben.

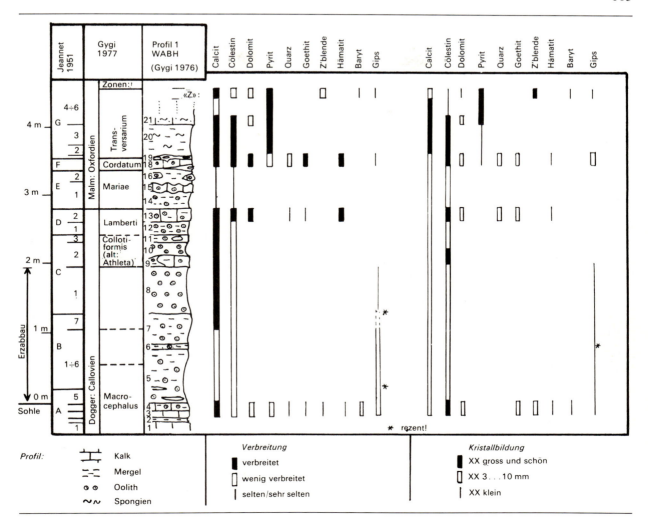

Birmenstorfer Schichten

Die Birmenstorfer Schichten (G1–G6), nach einem alten Vorkommen im aargauischen Birmenstorf benannt, erscheinen im Bergwerk zunächst als mergelige graue Kalke mit grossen Schwämmen (G2, G3). Darüber stehen härtere Bänke an, und nach etwa 2 m (über G6) beginnt eine mächtige Folge von hartem Kalkstein. Dieser (im Profil mit «Z» bezeichnet) war der WABH nur bei besonders massiven Einstürzen des Stollendachs gelegentlich (und unter grosser Gefahr)

Figur 8: Verteilung der Mineralien im stratigrafischen Profil (nach Stoecklin und Eichin, 1978, ergänzt).

Zinkblendekristalle in der Hohlform eines nachträglich herausgelösten Ammoniten. Der grösste Kristall ist 17 mm breit.

Zinkblendekristall aus einer Druse der Birmenstorfer Schichten. Grösse 8 mm.

zugänglich und zeichnete sich aus durch das Vorkommen von grossen Zinkblendekristallen, die man direkt auf dem Gestein in Hohlformen nachträglich herausgelöster Ammoniten fand.

Paragenese: Zinkblende, Pyrit, Calcit (korrodiert), sporadisch Dolomit, Baryt (Zone «Z»), Coelestin und Gips.

Zinkblende, ZnS. Das Zinksulfid bildet in der Zone «z.» praktisch das Leitmineral und ist weitverbreitet, tritt ausserhalb aber nur ganz selten in der Bergwerkssohle auf (siehe Bild unten).
Die Kristalle sind tiefschwarz, seiden- bis glasglänzend und scheinen nur in feinsten Splittern braun durch. Sie bilden meist verzwillingte Aggregate von 2–10 mm Grösse. Auf der schönsten geborgenen Stufe sitzt ein dicktafeliger Kristall von 17 mm Breite.

Pyrit, FeS_2. Dieses unter Sammlern auch Katzengold genannte Mineral ist in den Birmenstorfer Schichten, wie auch sonst im Bergwerk, weit verbreitet. Würfel und Oktaeder (Achtflächner) bestimmen das Aussehen. Pyrit wurde aber auch als Einsprengling im Gestein der G-Schichten recht häufig angetroffen. Möglicherweise bestehen diese Einschlüsse zum Teil auch aus dem chemisch gleichen Mineral Markasit.

Calcit, $CaCo_3$. Der Kalkspat tritt in den G-Schichten mengenweise stark zurück und weist zum Teil durch Korrosion bedingte kaum mehr erkennbare Formen nach dem Skalenoeder (Fig. 6) auf.

Dolomit, $CaMg(CO_3)_2$. Recht untergeordnet ist das Vorkommen von Dolomit in kleinen leicht gelblichen Kristallen, die einzeln oder in Gruppen erscheinen. Nach Feststellung der WABH-Bearbeiter war nur in der Zone G4 ein etwas gehäufteres Auftreten in drusenartigen Hohlräumen vorhanden.

Baryt, BaSO$_4$. Das Bariumsulfat Baryt, auch Schwerspat genannt, wurde auf einer WABH-Stufe (Beleg 3-241) neben weissen Coelestinresten als etwas dunkler gefärbtes, schlecht kristallisiertes Material gefunden (Burkhard, 1978).

Coelestin, SrSO$_4$. Coelestin ist weitgehend zu einem weissen Pulver zersetzt und kommt daneben nur in wenigen skelettartigen Resten vor, die die ursprüngliche Lage der tafelig-spätigen Mineralmassen andeuten. Auf den Stufen ist erkennbar, dass ein Teil der «Anätzungen» oder «Korrosionen» des Calcits eigentlich Wachstumsbehinderungen durch die ursprünglich vorhandenen Coelestinmassen sind.

Gips, CaSO$_4$. Die wenigen langprismatischen bis nadeligen Gipskristalle sind vermutlich als sekundäre (jüngere) Bildungen anzusehen. Sie sind in der Nähe von Pyrit und Calcit gefunden worden.

Cordatuszone

Unter den Birmenstorfer Schichten folgt die kaum 20 cm mächtige Gesteinsschicht der Cordatuszone (Schicht F der stratigrafischen Tabelle, Fig. 8), die in jeder Hinsicht aussergewöhnlich ist. Die leuchtend ockergelbe Kalkbank zeigt das Bild eines versteinerten schlammigen Meeresbodens mit einer aussergewöhnlich reichhaltigen Lebewelt. Im Schein der Grubenlampe kamen sich die WABH-Mitglieder bisweilen vor wie Taucher im urzeitlichen Jurameer. Die Fauna dieser Bank setzt sich zusammen aus Versteinerungen unzähliger verschiedener Arten von Muscheln, Schnecken, Stachelhäutern (Seeigel), vereinzelten Krebsresten und aus Tintenfischen: Belemniten und Ammoniten.

Vor allem die Ammoniten sind es, die im Zusammenhang mit der Mineralführung dieser Schicht eine wesentliche Rolle spielen.

Die einzelnen Luftkammern, die das Tier zum Regulieren des Auftriebs im Wasser benötigte, wurden normalerweise nach dem Tod und dem Absinken auf den Meeresboden mit Schlamm aufgefüllt. Bei vielen Kammern wurde dieses Ausfüllen aber durch eingeschlossene Luft oder Wasser verhindert; sie blieben hohl und dienten später den das Gestein durchdringend zirkulierenden Minerallösungen als Ort der Ausscheidung.

An zerbrochenen Ammoniten konnte dieser Sachverhalt sehr schön studiert werden, in einigen wenigen Fällen fertigte man sogar Röntgenaufnahmen an (Bild nächste Seite).

Bei der Bergung aufgebrochener Ammonit (Durchmesser 25 cm) mit mineralisierten Kammerhohlräumen.

Derselbe Ammonit wie auf Seite 105 im Röntgenbild: Deutlich sind die Kammerhohlräume mit Mineralien zu sehen.

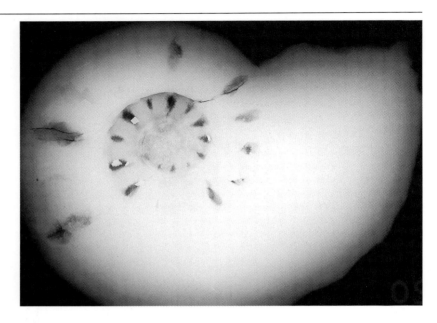

Die Mineralien der Cordatuszone

Paragenese der Kammerhohlräume: Calcit, Coelestin, Dolomit, Pyrit, Quarz, Goethit, Hämatit, Gips. Eine Übersicht über die Mineralgesellschaften der Cordatuszone gibt Fig. 9.

Figur 9: Übersicht der Mineraltypen und -vorkommen in der Cordatuszone (nach Stoecklin und Eichin, 1978, verändert).

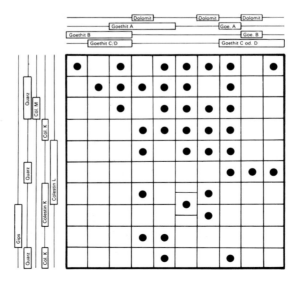

Calcit, CaCO₃. Kalkspat ist steter Begleiter in allen Kammerdrusen der Ammoniten und bildet ausnahmslos die älteste Ausscheidung. Er tapeziert mit seinen spitzen Kriställchen (max. 3 mm) die Kammerwände rasenartig aus und überzieht auch die Reste des Sipho (Regulierstrang im Ammonitengehäuse), so dass bisweilen an Siphoresten prächtige Calcitigel entstanden.

Je nach vorhandenen Begleitmineralien, zum Beispiel Hämatit, kann der Calcit bräunlich bis rötlich eingefärbt sein.

Coelestin, Sr SO₄. Das wohl attraktivste Mineral der Cordatuszone ist – vor allem bezüglich der Formenvielfalt – der Coelestin. Die Bearbeiter der WABH haben wie Frei drei grosse Gruppen in der äusseren Erscheinung (Habitus) der Coelestine beschrieben:

Kristalle von flacher, fast isometrischer Ausbildung (Typ K), solche mit säuligem Aussehen (Typ L) und flachtafelige Kristalle (Typ M). Die Verteilung der Typen ist in der Übersicht der Mineralgesellschaften (Fig. 9) ersichtlich.

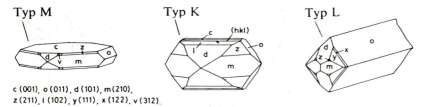

Figur 10: Coelestinformen der Cordatuszone (nach Frei, 1952).

Die Coelestine des Typs K sind besonders häufig durch viel Hämatit rot gefärbt und oft von Dolomit begleitet.

Die sehr seltenen Vertreter des Typs L sind schwach bis kräftig gelboliv und besitzen ein prismatisch-säuliges Aussehen.

Unter dem Typ M sind alle flachtafeligen Formen zusammengefasst, deren Farbe von kräftigem Blau bis praktisch farblos variiert.

Dolomit, CaMg[CO₃]2. Das recht häufige Auftreten von sattelförmig gekrümmten weisslichen bis gelblichen Dolomit-Kristallen ist ein weiteres typisches Merkmal der Mineralgesellschaften in der Cordatuszone. Dolomit ist stellenweise so häufig, dass ganze Kammern mit derbem Material ausgefüllt sein können. Ob es sich wirklich um reinen Dolomit handelt, ist nicht klar. Denkbar wäre durchaus, dass ausser dem Magnesium auch Eisen am chemischen Aufbau beteiligt sein könnte, wobei man dann allerdings von Dolomit-Ankerit oder von Mischkristallen sprechen müsste.

Pyrit, FeS₂. Pyrit ist allgegenwärtig, kommt jedoch nur in kleinen Mengen und Kristallen vor. Die Beobachtungen am Untersuchungsmaterial zeigen, dass der Pyrit in der Abfolge relativ spät ausgeschieden wurde.

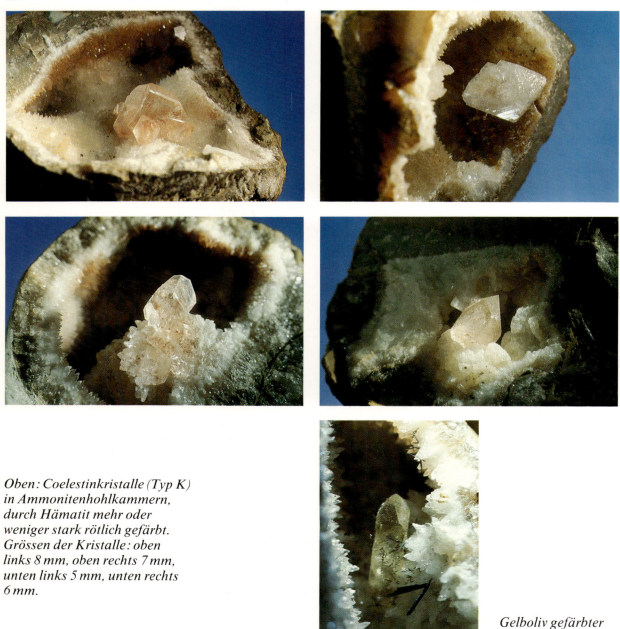

Oben: Coelestinkristalle (Typ K) in Ammonitenhohlkammern, durch Hämatit mehr oder weniger stark rötlich gefärbt. Grössen der Kristalle: oben links 8 mm, oben rechts 7 mm, unten links 5 mm, unten rechts 6 mm.

Gelboliv gefärbter Coelestinkristall des Typs L. Höhe 6 mm.

Quarz, SiO₂. In kleinen, einfach gebauten Doppelendern ist Quarz (Bergkristall) auf recht vielen Belegen aus der Cordatuszone zu finden. Auffallend ist eine leichte rauchbraune Färbung, die oft verschiedene Wachstumsphasen erkennen lässt (Phantombildung). Besonders reizvoll sind die kleinen Herznacher Quarze, wenn sie zusammen mit Nadeln oder Büscheln von Goethit gruppiert sind.

Goethit, Nadeleisenerz, α-FeOOH. Goethit erreicht in der Cordatuszone eine sonst für den Jura ungewohnte Formenvielfalt. Zur besseren Unterscheidung wurden auch die Goethit-Typen von Eichin und Stoecklin vier verschiedenen Gruppen zugeordnet (A-.D). Ihre Verteilung ist auf der Übersicht über die Mineralgesellschaften (Fig. 3) ersichtlich; die Formen sind auf Fig. 11 schematisch dargestellt und zum Teil auf den Tafeln abgebildet. Aufgrund der Beobachtungen am WABH-Material scheint festzustehen, dass Pyrit nach Goethit ausgeschieden wurde; das zeigen vereinzelte auf Goethitnadeln aufsitzende Pyritwürfel (nicht abgebildet).

Oben links:
Quarz mit Goethit A.
Breite des Quarzes 5 mm.
Oben rechts:
Goethit Typ A/D in Quarz.
Länge der Goethitnadeln 3,5 mm.
Unten links:
Goethit Typ A mit Quarz.
Länge der Goethitnadeln 2 mm.
Unten rechts:
Goethit Typ B/D auf Calcit.
Höhe der Büschel 2 mm.
Alle vier Mineralstufen in Kammerhohlräumen der Cordatuszone.

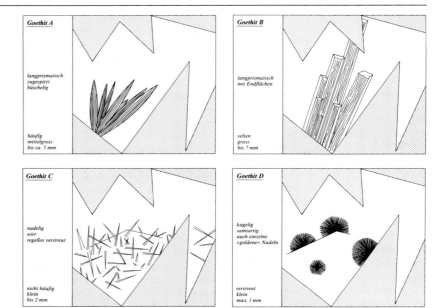

Figur 11: Übersicht der wichtigsten Goethitformen, wobei auch Übergangs- und Mischtypen beobachtet wurden.

Hämatit, Fe$_2$O$_3$. Recht unscheinbar tritt der sonst in anderen Lagerstätten als Eisenerz oder in den Alpen zum Beispiel als Eisenrosen vorkommende Hämatit in der Cordatuszone des Bergwerks in der Form kleiner schwarzer Kügelchen auf. Sie werden selten grösser als 1 mm und stehen meist in enger Beziehung zu Goethitbüscheln oder

Goethit Typ A/B mit Hämatitkugel auf Calcit, in Ammonitenkammer. Länge der Goethitnadeln 1 mm.

einzelnen Nadeln, die bisweilen aus dem Hämatit herauszuwachsen scheinen. Bisweilen sind die Hämatitkugeln ganz in Calcit oder Quarz eingewachsen, kommen aber auch aufgewachsen auf diesen Mineralien vor.

Gips, $CaSO_4 \cdot 2H_2O$. Gipskristalle sind nur aus der Cordatuszone festgestellt worden als wasserklare kurzprismatische Exemplare von über 10 mm Länge.

Tafeliger Gipskristall auf Calcit. Kammerhohlraum Cordatuszone. Länge des Gipskristalls 2 mm.

Die Mineralien der Lambertizone

Unter der Cordatuszone folgen die Mariae-Schichten (E1, 2), die aus weichen, schwach oolithischen Mergeln mit harten Knauern bestehen. Gut erhaltene Versteinerungen sind selten; mineralische Kammerhohlräume wurden nicht gefunden.

In der darauffolgenden Lambertizone ändert sich die Situation wiederum: Es finden sich erneut gut erhaltene Fossilien und in diesen Hohlräume mit Mineralien.

Paragenese: Calcit, Dolomit, Coelestin, Quarz, Goethit und Hämatit. Calcit, Dolomit, Hämatit erscheinen in der gleichen Ausbildung und ähnlichen Häufigkeit wie in der Cordatuszone, so dass auf eine erneute Beschreibung verzichtet werden kann. Goethit, übrigens nach Goethe benannt, wurde nur in seltenen Fällen in den Formen A (spitznadelig) und D (kugelig) festgestellt und wird nachfolgend auch nicht mehr berücksichtigt.

Coelestin, $SrSO_4$. Der Himmlische (lat. coelestis = himmlisch) macht in der Lambertizone seinem Namen alle Ehre. In den Fossilienhohlräumen tritt er in lichtem bis kräftigem Blau auf, das sich auch durch rote Einschlüsse von Hämatit nirgends verdrängen liess. Bei den Beobachtungen der WABH fiel ein Vorkommen von Coelestin in Spaltrissen der Lambertikalke auf. Die Gesteinsflächen waren bisweilen regelrecht von stark zerfressenem Coelestin überkrustet, wobei aber nie Kristallformen erkennbar waren.

Quarz, SiO_2. Als ausgesprochene Seltenheit ist aus der Lambertizone Quarz in einem Ammoniten festgestellt worden. Frei hat Quarz aus diesem Horizont nicht erwähnt. Form und Färbung entsprechen jener der Cordatuszone; die Grösse der Einzelkristalle erreicht etwa 1 cm.

Die Mineralien im Eisenerz

Für einmal von der Stratigrafie abweichend, seien unter dem Begriff «Eisenerz» die eigentlichen abgebauten Erzschichten C1 bis A5 zusammengefasst. Dies hat seinen guten Grund, ist doch etwa 1 m über der Bergwerkssohle von der WABH ein Ammonit aus dem Formenkreis der Macrocephaliten gefunden worden, der eine Abgrenzung der Schicht im Eisenerz nahelegt.

Als einziges nennenswertes Mineral ist aus dem Erz der Coelestin zu erwähnen, der aber ausser in Klüften nicht in Kristallen vorkommt, sondern als Versteinerungsmittel von Ammoniten auftritt. Die Steinsubstanz war weggelöst und durch Coelestin ersetzt worden. Die Fossilien zeigen wohlerhaltene Aussenformen, bestehen aber aus einer kompakten Coelestinmasse.

Die Mineralien der Bergwerkssohle

Der Boden des Bergwerks, auch Liegendes genannt, wird durch harte graue Kalkbänke (A4) gebildet. Diese und die darunterliegende Bank (A3) enthalten ausserordentlich viele, zum Teil sehr grosse Ammoniten (bis 60 cm Durchmesser). Aus dem Südosten des Bergwerks stammen Funde mit gut auskristallisierten Kammerhohlräumen.
Mineralgesellschaft: Calcit, Coelestin, Dolomit, Goethit, Zinkblende, Baryt und Hämatit.
Für die Mineralien Calcit, Dolomit und Hämatit gilt das bereits oben Gesagte. Goethit ist ausserordentlich selten und erscheint auf dem halben Dutzend vorliegender Proben in Nadeln des Typs A.

Quarz und Goethit (analog Typ A) in einer Ammonitenkammer der Lambertizone. Breite des grossen Quarzkristalls 10 mm.

Coelestin, SrSO$_4$. Aus Kammerhohlräumen von Ammoniten des Stollenbodens sind grosse, prächtige Coelestine gefunden worden. Die hellblauen bis rotgefärbten Kristalle erreichen in Ausnahmefällen Grössen bis 30 mm.
Zwei verschiedene Ausbildungsformen können am vorliegenden Material unterschieden werden:
Tafelige bis dünntafelige Kristalle, die etwa dem Typ M aus der Cordatuszone entsprechen.
Dicktafelige bis isometrische Kristalle von unterschiedlicher Färbung bilden eine weitere Gruppe, die jedoch mangels genügenden Beleg-Materials nicht näher beschrieben werden kann.

Zinkblende, ZnS. Das Zinksulfid kommt zuoberst im Hangenden vor, dann nicht mehr, während es schliesslich in den tiefsten Lagen des Bergwerks wieder auftaucht. Die Grösse und Qualität der Zinkblendekristalle aus den Hohlkammern der Bergwerkssohle reicht jedoch nie an jene in den Birmenstorfer Schichten heran, gleicht aber diesem Vorkommen ansonsten mit Ausnahme des unten fehlenden Pyrits stark.

Baryt – Barytocoelestin. Nach neueren Ergebnissen (Burkhard, 1978) kommen sowohl Baryt als auch Mischkristalle von Baryt mit Coelestin als Barytocoelestin im Innern der grossen Ammoniten des Bergwerksbodens vor. Die rötlichen, faserig bis blättrigen Barytocoelestin-Aggregate können gegen das Innere des Hohlraums kontinuierlich in blauen, tafeligen Coelestin übergehen. Reiner Baryt ist radialstrahlig und stark zerfressen.

Links: Rötlich gefärbte prismatische Coelestinkristalle. Breite der Stufe 10 cm. Rechts: Coelestin in dicktafeligen, bis zu 3 × 3 cm grossen Kristallen auf Calcit. Beide Stufen stammen aus Kammerhohlräumen grosser Ammoniten des Stollenbodens.

Quarz-Doppelender im Kammerhohlraum eines Ammoniten des Stollenbodens. Breite des Kristalls 5 mm.

Quarz, SiO_2. Als überraschender Neufund des Autors und willkommene Spätlese, acht Jahre nach der Auflösung der WABH 1976, kann zur Mineralgesellschaft des Bergwerkbodens nun auch Quarz angefügt werden.

Beim Aufbrechen eines stark beschädigten Ammoniten aus dem Formenkreis der Macrocephaliten konnten in fünf Kammerhohlräumen Quarzkristalle festgestellt werden. In Form und Farbe entsprechen sie den übrigen Herznacher Quarzen, ebenfalls in den begleitenden Mineralien: Goethit (Typ A), Calcit und wenig kugeliger Hämatit.

Entstehung der Minerallagerstätte

Es würde den Rahmen dieses Buches sprengen, näher auf die verschiedenen geochemischen, petrografischen und gebirgsbildenden Vorgänge einzugehen, die zur Bildung der Minerallagerstätte Bergwerk Herznach führten.

Adolf Frei hat diese Fragen 1952 ausführlich diskutiert und postuliert für Herznach zusammen mit einer Fundstelle im nahen Gipf-Oberfrick und einem heute nicht mehr sichtbaren Aufschluss an der Ergolz bei Niederschönthal eine sogenannte «Stauungslagerstätte». In dieser Arbeit sind auch ausführliche Literaturhinweise enthalten.

Das Modell der Stauungslagerstätte hat einiges für sich, stimmt es doch auffallend gut mit den im Bergwerk gemachten Beobachtungen überein. Es wird aber wohl immer Modell bleiben, denn die Stollen in Herznach sind endgültig verschlossen und infolge fortschreitenden Einsturzes gar nicht mehr zugänglich.

Erklärung der Fachausdrücke

Ankerbau: Sicherung des Stollendachs mit ins Hangende vorgetriebenen langen Stahlbolzen, an deren Ende Widerlager von U-Profilen angebracht waren.
Blaje, Bläje, Blegi: Mittelalterlicher Blasofen zur Roheisenherstellung.
Bohnerz: Erbsen- oder bohnenförmige, vielfach konzentrisch schalige Brauneisengebilde, die zusammen mit *Bolus-Ton* in Spalten, Taschen oder Höhlen von Kalksteinen auftreten und die zur Zeit des *Tertiärs* abgelagert worden sind.
Bolus-Ton: Rote bis violette Tone in *Bohnerz*-Taschen.
Callovien, Callovium: Stufenbezeichnung in der Geologie. Absolutes Alter der Callovien-Schichten: 157–162 Mio. Jahre.
Chamosit: Grünlichgraues bis grünschwarzes Eisenerz-Mineral.
Deckgebirge: Von der Erzschicht bis zur Erdoberfläche reichende Gesteinsschichten.
Dogger: Aus dem Sprachgebrauch englischer Bergleute übernommener Name für den Braunen Jura.

Ernzergemeinde: Gewerkschaftsähnlicher Zusammenschluss der Fricktaler Erzgräber und Erzfuhrleute aus der Blütezeit des historischen Bergbaus in und um Wölflinswil.
Flöz: Bergmännische Bezeichnung für eine Erzschicht.
Fuxlöcher: Abbaulöcher eines oberflächlich liegenden Flözes.
Hangendes: Das eine Bezugsschicht überlagernde Gestein in der Bergmannssprache.
Humphriesi-Schichten: Bezeichnung einer Gesteinsformation im Unteren Dogger.
Liegendes: Das unter einer Bezugsschicht liegende Gestein in der Bergmannssprache.
Luppe: Hier: In der *Bläje* gewonnener Eisenklumpen.
Masseln: Hier: Roh vorgeschmiedeter länglicher Eisenbarren.
Niederschachtofen: Elektrisch betriebener Hochofen zur Eisenherstellung.
Oolithisches Eisenerz: Kügelchen aus Brauneisenstein (Limonit) und *Chamosit* in einer Grundmasse, die dem verfestigten Meeresschlamm entspricht.

Oxfordien, Oxfordium: Stufenbezeichnung in der Geologie im Weissen Jura. Absolutes Alter der Oxfordien-Schichten: 151 bis 157 Mio. Jahre.
Pinge: Alter bergmännischer Ausdruck für eine Bodenvertiefung, die durch bergmännische Schürfarbeiten über Tage oder durch Nachbruch über flachen Untertageschürfen entstanden ist.
Rennfeuer: Primitve Anlage zur Eisengewinnung, wie sie seit der Steinzeit bekannt ist.
Schlitzprobe: Schmaler Graben im *Flöz*, der zur Probennahme des Erzes angelegt wird.
Spatkalke: Braune eisenreiche Kalke im Braunen Jura *(Dogger)*.
Tertiär: Bezeichnung für die älteren Schichten der Erdneuzeit. Absolutes Alter: 2 bis 65 Mio. Jahre.
Zubruchwerfen: Bergmännische Bezeichnung für das Absprengen und nachträgliche Einstürzenlassen eines Untertage-Abbaugebiets.

Zeittafel

Historischer Bergbau bis 1900

1207: Erster Hinweis auf die Schmelzhütten von Laufenburg und Säckingen und darauf, dass die Ausbeutung der Fricktaler Erze schon lange im Gang war.

1241: Zum ersten Mal taucht die Bezeichnung «ertzgrube» auf.

1286-1399: Die «Erzgrube zu Wile» wird mehrmals urkundlich erwähnt.

um 1400: Eine «blaeygen ze obern-hertznach» (Blasofen) ist belegt.

1411: Die «erzgruben ze Wil gen Wülfiswilr genant im Banne ob dem Frickthal» erscheinen erstmals unter dem Namen Wölflinswil.

1433-1519: In vier weiteren Urkunden werden die Erzgruben, das «Ysen Erntz», ja sogar «Silbergruben in Fricktal» genannt.

1494: Stiftungsurkunde des Eisen- und Hammerbundes mit Erwähnung des Eisenbergwerks im Fricktal.

1498: Bestätigung dieser Urkunde durch Kaiser Maximilian I.

1494-1858: Urkunden und 270 Aktenstücke im Stadtarchiv Laufenburg belegen den Eisenbergbau im Fricktal.

1500: Die Säckinger bauen zu ihren drei Hämmern noch zwei dazu.

1503-1509: Das Schiedsgericht in Ensisheim hat über Streitigkeiten zwischen dem Hammerbund und der Ernzergemeinde zu entscheiden.

1519: Erster urkundlicher Beleg eines Hammers und Schmelzofens im Amt Urgiz (Densbüren), eine Gemeinde, die früher Holz und Holzkohlelieferant war.

1520: Die Wölflinswiler dürfen kein Erz mehr an die Densbürer (Amt Urgiz) verkaufen.

1567: Erneuter Schiedsspruch.

1576: Es werden Vorschriften über den Erzabbau erlassen.

1630: Pestjahr.

1639-1648: Der Dreissigjährige Krieg wütet mit Unterbrüchen im Fricktal.

1654: Die «Ordnung über das Eysenbergwerk im Fricktal» wird geschaffen.

1663: Neue Ordnung für die «Erntzgruben im Fricktal».

1667: Pestjahr.

1596-1743: Bergbau wird vom «Bergwerk Wölflinswil» und den «Erzgruben im Fricktal» erwähnt.

1733: «Schwere Steuern».

1743: Betriebseinstellung des Bergwerks Wölflinswil, das seit Beginn des Jahrhunderts kaum mehr lieferfähig war.

1756: «Schwere Steuern».

1778-1779: Schürfungen der österreichischen Regierung in Sulz, Mettau, Kaisten und Gansingen.

1830: Erzfuhren von der «Grube Rötifeld» nach Albbruck.

1840: Erzfuhren von der «Grube Rötifeld».

1870: Der Kornbergsandstein wird zum Bau der Bözberglinie verwendet.

um 1900: Vom Erzlager sind keine Nachrichten mehr überliefert.

Fördermengen des historischen Bergbaus: 275 000 Tonnen.

Herznacher Bergbau

1914-1918: Erster Weltkrieg, Stahlknappheit. Man wusste wenig über vorhandene Erzvorkommen und noch weniger über deren Verhüttungsmöglichkeiten.

1916: Der Zürcher Ingenieur A. Trautweiler schlägt den Abbau der eisenhaltigen Spatkalke u. a. im Aargau vor.

1917: Das Wölflinswiler Erzlager wird kurz erwähnt und als nicht abbauwürdig bezeichnet.

1918: Man erörtert die Abbauwürdigkeit der schweizerischen Erzlagerstätten in Kreisen der späteren «Studiengesellschaft für die Nutzbarmachung schweizerischer Erzlagerstätten» eingehend.

1918: Gründungsversammlung der Studiengesellschaft.

1919: Der Geologe Alfred Amsler und Hans Fehlmann, Geschäftsführer der Studiengesellschaft, entdecken auf einer Begehung des Gebiets das Herznacher Erzlager.

1919: Konzessionsgesuch an die Aargauer Regierung und Genehmigung durch den Grossen Rat.

1919: Erste Verhüttungsversuche in Bex misslingen.

1920: Der Erzvorrat wird auf 23 Millionen Tonnen mit einem Eisengehalt von 28 % geschätzt.

1920: Vortrieb eines Versuchsstollens von 30 m Länge.
1920: Konzessionsgesuch und Erteilung der Konzession für Solothurner Gebiet durch die Solothurner Regierung.
1920: Die Gründung einer Ausbeutungs- und Verhüttungsgesellschaft scheitert.
1935: Weitere Schürfungen und Bohrungen von Herznach bis zur Kantonsgrenze AG/SO.
1935: Durchstich des Hauptstollens unter dem «Hübstel» und Aufnahme des Versuchsabbaus.
1937: Abbauversuche mit deutschen Bergleuten und der Schrämmaschine.
1937: Abbauversuche beendet. Aufnahme des eigentlichen Bergwerksbetriebs mit jährlich steigenden Erzfördermengen.
1937: Hans Fehlmann wird von der philosophisch-naturwissenschaftlichen Fakultät der Universität Bern die Würde eines Ehrendoktors für seine wissenschaftliche Tätigkeit verliehen.
1938: Verhüttungsversuche im Werk «Burgholz» der Berner Elektrochemischen Werke AG.
1940: Am 29. September stirbt der Geologe Dr. Alfred Amsler.
1940: «Eisenproduktion aus eigenen Erzen und mit eigener Kohle ist möglich, wenn wirtschaftliche Erwägungen nicht ausschlaggebend sind.»
1940: Die Jurabergwerke AG mit Sitz in Frick übernimmt das Werk.
1940: Der Grosse Rat stimmt der Übertragung der Konzession auf die neue Gesellschaft am 23. November zu.
1941: Konstituierende Generalversammlung der Jurabergwerke AG.
1942: Bau und Betriebsaufnahme der neuen Transportanlage.
1945: Kriegsende und Unterbruch in der Förderung.
1947: Erneute Aufnahme der Förderung, die aber nie mehr die Produktionszahlen der Kriegszeit erreicht.
1959: Gesamtförderung des Herznacher Bergwerks 1 348 881 Tonnen Erz.
1960: Erstmals Lieferung an Zementindustrie.
1965: Am 26. September stirbt Dr. h. c. Hans Fehlmann.
1967: Das von-Roll-Werk in Choindez stellt auf Sphäroguss um, was für das Bergwerk Herznach das Ende bedeutet.
1974: Die «Wissenschaftliche Arbeitsgemeinschaft Bergwerk Herznach» (WABH) wird gegründet.
1976: Die WABH untersucht die noch zugänglichen Teile der Grube, muss aber ihre Tätigkeit wegen zu grosser Unfallgefahr aufgeben.
1977: Liquidation der WABH.
1983: Zwei auf Fricker Gemeindegebiet stehende Seilbahnmasten werden abgebrochen.

Die gesamte Erzfördermenge des Bergwerks Herznach von 1937–1967 betrug 1 618 707 Tonnen.

Literatur

Historischer Bergbau

Filarete, A.A. (1464): Architettura.

Bourbon, N. (1517): Ferraria. Deutsch in: Klemm, F. (1954): Technik – eine Geschichte ihrer Probleme, München.

Agricola, G. (1557): Zwölf Bücher vom Berg- und Hüttenwesen («De re metallica libri XII»), Basel.

Münster, S. (1550): Kosmographie, Basel, mehrere Auflagen.

Zschokke, H. (1804): Über die Bergwerke des Kantons Aargau. Isis, anonym, S. 636–654.

Münch, A. (1893/94): Die Erzgruben und Hammerwerke im Fricktal und am Oberrhein. In: Argovia, Jahresschrift der Historischen Gesellschaft des Kantons Aargau, Bd. 24, S. 19–65.

Trautweiler, A. (1916): Aargauische und schweizerische Eisenproduktion in Vergangenheit und Zukunft. In: Schweizerische Bauzeitung, Bd. 68, S. 199–202, 214–216, 227–229.

Saemann, H. (1921): Untersuchung der Fricktaler Eisenerze und ihre Verhüttbarkeit, Diss., Aarau.

Geiger, H. (1929): Die Eisenerzgewinnung im Kanton Aargau. In: Zeitschrift für Schweizerische Statistik und Volkswirtschaft, 65. Jahrgang, Heft 1.

Amsler, A. (1935): Die alten Eisenindustrien des Fricktales, bei Erlinsbach und in benachbarten Gebieten des östlichen Juras. In: Argovia, Band 47, S. 101–157.

Schib, K. (1935): Aargauer Urkunden VI. Die Urkunden des Stadtarchivs Laufenburg.

– (1951): Geschichte der Stadt Laufenburg, Aarau.

Epprecht, W. (1957): Unbekannte schweizerische Eisenerzgruben und Inventar aller Eisen- und Manganerzvorkommen der Schweiz. Schweiz. Min.-Petr. Mitt., Band 37, S. 217–246, mit Karte.

– (1960): Geologie und Bergbau der schweizerischen Eisenerze. In: Beiträge zur Geschichte der schweizerischen Eisengiessereien, Schaffhausen. S. 9–21, mit Karte.

Sprandel, R. (1968): Das Eisengewerbe im Mittelalter.

Fehlmann, H. und *Rickenbach, E.* (1962): Die eisenhaltigen Doggererze der Schweiz. Die Eisen- und Manganerze der Schweiz, Bd. 7, S. 85–102.

Jehle, F. (1979): Geschichte der Stadt Laufenburg. Band 1. Die gemeinsame Stadt, Laufenburg.

Waldis, V. (1979): Die Grundlagen zur Entwicklung obrigkeitlicher Massnahmen gegen die Pest in Stadt und Herrschaft Rheinfelden im 16. und 17. Jahrhundert. Diss. Universität Zürich.

Heilfurth, G. (1981): Der Bergbau und seine Kultur. Eine Welt zwischen Dunkel und Licht, Zürich.

Schaufelberger, U. (1983): Frühere Waldnutzungen, dargestellt am Beispiel der Gemeinde Densbüren. Diplomarbeit am Geografischen Institut der Universität Zürich, unpubliziert (einzusehen auf der Gemeindekanzlei Densbüren).

Walcz, G. (1983): Doggererz in Blumberg, Konstanz.

Geologie der Erzlagerstätte

Schmidt, C. (1917): Erläuterungen zur Karte der Fundorte von Mineralischen Rohstoffen in der Schweiz, Basel.

Kündig, E. und *de Quervain, F.* (1953): Fundstellen mineralischer Rohstoffe in der Schweiz, Bern.

Fehlmann, H. und *Rickenbach, E.* (1962): Die eisenhaltigen Doggererze der Schweiz. Eisen- und Manganerze der Schweiz, Bd. 7, S. 13–42.

Widmer, E. (1971): Verzeichnis des im Aargauischen Museum für Natur- und Heimatkunde in Aarau aufbewahrten wissenschaftlichen Nachlasses der drei Aargauer Geologen Friedrich Mühlberg, *Alfred Amsler* und Max Mühlberg. In: Mitt. Aarg. Nat. Forsch. Ges. Bd. 28, S. 297–308 (Amsler S. 303–306).

Bodmer, Ph. (1978): Geophysikalische Untersuchung der Eisenoolithlagerstätte von Herznach-Wölflinswil. Die Eisen- und Manganerze der Schweiz, Bd. 11.

Gygi, R.A. (1981): Oolithic iron formations: marine or not marine? Ecl. Geol. Helv. Vol. 74, Nr. 1, S. 233–254. Ein wegweisender Beitrag über die Entstehung oolithischer Eisenerze.

– (1986): Eustatic sea level changes of the Oxfordian (Late Jurassic) and their effect documented in sediments and fossil assemblages of an epicontinental sea. In: Ecl. Geol. Helv. Vol. 79, Nr. 2.

Bergwerk Herznach

Fehlmann, H. (1937): Die Eisenerzlagerstätten der Schweiz mit besonderer Berücksichtigung der Lagerstätte im Fricktal, Aarau.
– (1943): Die Studiengesellschaft für die Nutzbarmachung der schweizerischen Erzlagerstätten 1918–1943, Bern.
Hartmann, A. (1943): Nekrolog Alfred Amsler (1870–1940), Mitt. Aarg. Nat. Forsch. Ges. Bd. 21.
Geschäftsberichte der Jurabergwerke AG, 1942–44, 1948–57, 1960–67. Protokolle des Verwaltungsrats der Jurabergwerke AG 1958/59.
Fehlmann, H. und *de Quervain, F.* (1952): Eisenerze und Eisenerzeugung der Schweiz. Die Eisen- und Manganerze der Schweiz, Bd. 8.
Wehrli, H.R. (1954): Die Eisenerzeugung der Schweiz im Zweiten Weltkrieg. Diss. Bern, 1952.
Fehlmann, H. und *Rickenbach, E.* (1962): Die eisenhaltigen Doggererze der Schweiz. Die Eisen- und Manganerze der Schweiz, Bd. 7, S. 109–116.
Fehlmann, P. (1965): Nekrolog Hans Fehlmann (1882–1965). In: Reise in den Kaukasus 1911. Privatdruck.

Versteinerungen

Moesch, C. (1857): Das Flözgebirge im Kanton Aargau. Neue Denkschriften schw. Natf. Ges. 15.
– (1867): Geologische Beschreibung des Aargauerjura u. d. nördl. Geb. des Kt. Zürich. Lief. 4 d. Beitr. z. geol. Karte d. Schweiz.
– (1874): Der südliche Aargauerjura und seine Umgebung. Lief. 10 d. Beitr. z. geol. Karte d. Schweiz.
Jeannet, A. (1951): Stratigraphie und Palaeontologie des oolithischen Eisenerzlagers von Herznach und seiner Umgebung. Die Eisen- und Manganerze der Schweiz, Bd. 5.
– (1954): Die Macrocephaliten des Callovien von Herznach (Aargau). In: Ecl. Geol. Helv. Vol. 47, Nr. 2. S. 223–268, mit 15 Tafeln.
Gygi, R. und *Marchand, D.* (1976): La zone à Lamberti d'Herznach (Suisse). In: C.R. Acad. Sc. Paris, t. 282.
Marchand, D. und *Gygi, R.* (1977): L'Oxfordien inférieur d'Herznach (canton d'Argovie, Suisse). In: C.R. Acad. Sc. Paris, t. 285.
Gygi, R. (1977): Revision der Ammonitengattung Gregoryceras (Aspidoceratidae) aus dem Oxfordian (Oberer Jura) der Nordschweiz und von Süddeutschland. In: Ecl. Geol. Helv. Vol. 70, Nr. 2, S. 435–542, mit 11 Tafeln.
Gygi, R. und *Marchand, D.* (1982): Les faunes de Cardioceratinae (Ammonoidea) du Callovien terminal et de l'Oxfordien inférieur et moyen (Jurassique) de la Suisse septentrionale: Stratigraphie, paléoécologie, taxonomie préliminaire. In: Geobios, no. 15, fasc. 4, S. 517–571, mit 13 Tafeln.

Mineralien

Frei, A. (1946): Die Mineralien des Bergwerks Herznach. In: SMPM Bd. 26, S. 281–283.
– (1948): Beitrag zur Mineralogie des Schweizer Juras. In: SMPM Bd. 28, S. 103–113.
– (1952): Die Mineralien des Eisenbergwerks Herznach im Lichte morphogenetischer Untersuchungen. Die Eisen- und Manganerze der Schweiz, Bd. 6.
– (1971): Vom Wesen der Mineralisation des Schweizer Juras. In: Schweizer Strahler, Vol. 2, Nr. 5, S. 145–149.
Parker, R.L. (1973), (Neubearbeitung durch Stalder, H.A.; de Quervain, F.; Niggli, E.; Graeser, St.): Die Mineralfunde der Schweiz, Basel.
Burkhard, A. (1978): Baryt-Cölestin und ihre Mischkristalle aus Schweizer Alpen und Jura. In: SMPM Bd. 58, S. 1–95.
Stoecklin, D. und *Eichin, R.* (1978): Mineralien aus dem Bergwerk Herznach. Schweizer Strahler, Vol. 4, Nr. 12. *Resultate aus der WABH-Tätigkeit.*